U0114306

# 勇敢向前：
# 2次成功挑戰

Hang on to your dreams.

Largest collection of banknotes | Guinness World Records Twice

# 金氏世界紀錄

楊順復 著

博客思出版社

# 目錄 Contents

# 興趣與分享：賀「世界珍鈔之美」破金氏世界紀錄

人為理想而活，而有志業（vocation）；人為嗜好而活，平凡生活中頻添了樂趣。

楊順復主委兩者兼而有之。對於前者，他為恩主公服務，不求回報。對於後者，他從 1993 年旅居加拿大起，不間斷、系統性的收集世界各國「特殊紙鈔」，增添他生活諸多樂趣。

事實上，我的專業為宗教社會研究，對紙鈔收集完全門外漢。然而，在他盛情邀請下，我以好友的身分，樂於為他書寫推薦序。

我跟他的結緣，要從 2016 年台灣宗教與社會協會辦理「萬民看媽祖廟學論壇」說起。與其續緣，是在 2018 年農曆春節，到三芝錫板智成堂分享我的《宗教 GPS》作品。當下，在關聖帝君的牽線下，接受其委託為該堂書寫 120 週年廟志。從書寫到完稿，我倆成為至交。

在短短三年內，我曾親眼目睹他以一己之力兩度破「金氏世界紀錄」。

第一次是他在智成堂主任委員任內，於 2018 年為該堂辦理「千人千壽復古揮毫」。他帶領智成堂的團隊，逐步實踐他的夢想，獲得金氏世界紀錄的認證，提升該堂的能見度與知名度，我則把整個過程，寫入堂志歷史中。

第二次是他從主委職位退下後，將自己長久珍藏的紙鈔，與世人分享。以「世界珍鈔之美」為題，2020 年再度向金氏世界紀錄公司申請，二度獲得認可。

從楊主委獲得兩次金氏世界紀錄的過程中，我看到了他幾點人格特質：

1. 為自己書寫歷史

胡適於 1915 年推行「新文化」及「白話文運動」，鼓勵國人受白話文教育以後，用自己的話，為自己留下「歷史」。楊主委的兩次金氏世界紀錄，

即是在自己的生命史中，留下不可磨滅的印記。他以自己為榮，我也以他為榮。

### 2. 為自己興趣而活

人活著除了吃喝拉撒睡之外，總是要尋找自己的「興趣」。楊主委走了一條極少人走的路，自己「花時間」、「用心思」、「找機緣」，用閒餘的錢購買紙鈔。在申請金氏世界紀錄之前，我曾到他的別墅拜訪，看他用快樂、滿足的神情，介紹他的收藏，我也被他情緒感動。

### 3. 長久堅持自己的嗜好

有興趣不難，困難的是長久維持這項興趣。從楊主委長期收集紙鈔來看，顯現出他具有「持久」、「毅力」的人格特質。這促使他成就家庭與事業，造就他在社會、宗教界的聲望。

### 4. 好東西與好朋友分享

過去滿清皇朝收集各種國寶於北京皇宮，只為帝王、貴族把玩。民國38年後，國民政府將這些寶物放在台北故宮，供世界人類共享。任何好東西，能與好朋友分享，即是一項美德。楊主委在疫情艱困期間，依舊願意公開展示，值得肯定。

最後，虔誠祝福楊主委持續收集、把玩珍鈔，未來再創「世界珍鈔之美」的金氏世界紀錄！

真理大學教授
台北市府顧問　張家麟

# 推薦序：鈔票，就像國家的名片

收藏，是一條漫長的路。

錢幣、紙鈔收藏更是如此。除了投入金錢、時間之外，廣泛的閱讀與了解世界各國的歷史、地理等，更需要無比的熱忱、執著的專注，方能達成。

楊順復先生憑藉著以上的特點，將全球主要國家／地區的特殊號紙鈔收羅到如此成績，並成功成為金氏世界紀錄保持人，也成為世界鈔票收藏史上的台灣之光，值得祝賀，更難能可貴的是，楊先生將以上的成果，集結成冊，透過介紹世界地理、歷史的方式，讓讀者更能輕鬆的藉由鈔票認識這個世界，宛如打開了一扇鈔票通往世界的大門，將收藏結合了知識，並將知識傳承下去。

各國的鈔票，就像各個國家的名片，能在方寸之間展現出各國主要的人物、風景、藝術等，對歷史有興趣的朋友，更可以從一個國家的貨幣發行史，了解到該國的歷史沿革、政治經濟的變化等，甚至可以從票面的鈔票金額，了解因為戰爭、通膨、政局變遷等所帶來的變化。

錢幣紙鈔的收藏範圍很廣，有人專門收集古羅馬、希臘貨幣，有人鍾情於先秦貨幣、歷代古幣，有人只愛龍銀、袁大頭，也有人對紙鈔收藏有著特殊的情感。

楊先生很早就找到自己的收藏定位，並且執著、用心的朝既定目標邁進，也如願在2020年這個特別的一年成功的在金氏世界紀錄上留下一個里程碑，成為紀錄保持人，在此，也希望楊兄的熱情、執著能夠感染到更多有興趣的人，將這份榮譽、知識永久的傳承下去。

真心恭喜楊順復先生成為金氏世界紀錄鈔票收藏史上第一人

台北市集幣協會 理事長
Chairman, Taipei Numismatics Society

# 第一章 突破與勇氣：讓世界看見台灣

一個人的一生要怎麼過？

有些人光彩耀眼，是屬「登峰造極組」；有些人潦倒困頓，為窮途末路「魯蛇（loser）組」。

是什麼原因，造成同樣生長在同一環境裡的人，有不同的命運？

人說：一命、二運、三風水、四積功德、五讀書，而其實影響人一生是思維和想法。

因為有什麼思維想法，就會做出什麼事。做出對的事，就往登峰造極組的彩色人生走；做出錯的事，就會變成黑白的人生。俗話說，種什麼樹，結什麼果，是一樣的道理。對我來說，最重要的思維和想法是「突破和勇氣」。冥冥之中，好像左右了我的人生。

# 第一節 突破現狀：離鄉背井

也許你認識我，也許你不認識我。

也許你知道我，但其實不曾真正認識我。

一如我也許認識你，但不了解您一樣。

怎麼看待自己的人生？試問一下自己的人生觀和價值觀是什麼？不知道有沒有認真的想過？

我生長在二次戰後，一個十分貧窮的年代。我家原本算是富裕的家庭，但政府的「三七五減租」、「耕者有其田」政策，一夜之間，讓我的家族從地主變小康家庭。

家裡兄弟姐妹多，老么的我從小備受呵護。家裡的人都捨不得我吃苦，但我看著爸爸為了養活一家人，長年撐著竹筏船捕漁辛勞的背影。一年到頭的努力，卻只夠我們溫飽。那個時候，我心裡就為了以後長大的人生，不時上演著各種小劇場。

我不要跟他們一樣，困守在鄉村裡當一名漁夫。不要，我不要。對的，不要守舊的意念，我要突破，我要突破現狀的困境。

「突破現狀」這樣的概念，一日生成，它其實影響了我的整個人生。不管在人生那一個階段，求學也好、做工也好、出國也好、創業也好，一直到挑戰金氏世界紀錄。「突破現狀」時時伴隨著我，時時支配著我的生活和工作。

# 第二節 突破與精進：半工半讀

失敗和成功本來就是一線之隔。

有了想突破、想改變平凡的概念後，從此以後我的思維，在遇到任何問題時，就會去找原因。找到問題的原因後，再去想有沒有辦法可以解決困難。

比如，在我初中畢業後，進入一家車床工廠。這份工作雖然是親友介紹，但是對於一個剛剛步入社會新鮮人的我來說，怎麼可能會有什麼防人之心。

工作看似簡單，工廠的老鳥不落俗套地，總把最難、最危險的工作交給我來執行，當下也不會覺得有什麼問題。直到有一次，在操做車床機台時傷了手，這才看清楚了職場困難的原因。

如何解決問題？勇氣，應該是下一個要面對的難題。

什麼是勇氣？對於我來說，凡事不畏困難勇於承擔，遇到事不逃避勇敢面對。

這不就是跟我在車床工廠中，遇到的挫折相呼應。我不怕工作辛苦，但老被算計，總是令人無法接受。於是我起了想「改變現狀」的念頭。

改變是需要勇氣的，對於一個獨自離家自力更生的我來說，擁有一份穩定工作，是相對重要的。但對於無法掌控的危險，和不斷而來的挫折，更何況這個工作不是我的興趣。想清楚這些情況，和了解事情的前因後果。我認為，這一切是因為我的專業知識不足。我想改變現狀，於是我興起了重拾書本的念頭。這個想法一旦開啟，就猶如脫韁的野馬一般，不停的在腦海裡奔騰。

「想改變」是獲得新生命力量的開始。就在這個信念下，工作兩年後就離職，前往我人生的下一站。

我的一生都在改變，因為與其繼續等待下去，不如靠自己做出突破、創造機會。因為沒有改變的勇氣，不踏出舒適的生活圈，不面對嚴苛的挑戰，就沒有新的機會。

　　我想在穩定薪資與獲得更多的知識、精進學業兩者之間，為長久未來打算，選擇改變自己的現狀。為了尋找更好的機會，來到人生地不熟的台北市，找了一份報關行的工作。但報關工作也是一項專業，為了補足自己的不足，除了白天工作外，利用晚上半工半讀高職夜間部。

　　於是，每天白天勤勤懇懇跑報關業務。到了晚上，便一頭栽進學業之中，就這樣度過了長達四年的時間。其中艱苦辛酸，都不足以外人道。雖然辛苦了四年，但這也是為了給自己未來，創造更多、更好的機會做舖路。

　　不是有句話說：「機會是留給準備好的人嗎」？

　　而我就是要做那個準備好的人，不管是遇到什麼困難，我都要想辦法讓問題迎刃而解！

# 第三節 突破與挑戰：創造金氏世界紀錄

我的這一生中，不管什麼階段，總是不斷地在抉擇與挑戰，也許每個人都是吧！

因為在人生的過程中，每一個階段，都會出現不同的人、事、物。在遇到的外在環境中，每一次，其實都在選擇。只是面對困難和機會時，我會想想該怎麼做？

人的個性，往往決定一生會怎麼過。

就像我挑戰了兩次金氏世界紀錄（原名：GUINNESS WORLD RECORDS，中國譯名：吉尼斯世界紀錄）。第一次，是在我擔任新北市三芝區智成堂管理委員會主任委員。當時，我為了推動社區營造，推廣社會教化，樹立楷模，導正社會風俗；為了讓更多的人認識我的故鄉；乃舉辦書法比賽、宗教文化交流、尋根之旅、國外友好地理社團參訪等。林林總總的藝文活動，無不是想讓三芝智成堂文武聖廟成為三芝區信仰中心。

▲智成堂堂貌

2016、2017 年為恭祝　關聖帝君聖誕千秋，連續二年舉辦全國國中、國小書法比賽活動。參加者非常踴躍，可說圓滿成功。

在此同時，腦海裡突然靈光一閃，我可以有什麼方法，把活動辦的更不一樣？

那就是這樣一個想「突破現狀」的念頭，想把古老傳統的書法競賽，辦出特色，辦出不一樣來。

於是，心裡想著有什麼的活動，可以辦到台灣第一，世界第一呢？

對的，挑戰「金氏世界紀錄」。這個項目在台灣的機關、學校，或團體等，看似還沒有舉辦這類的活動，也許是一條名利雙收的道路。

我有了這個想法後，心裡非常雀躍。

一方面想，金氏世界紀錄「最大規模的書法課 THE LARGEST CALLIGRAPHY LESSON」。之前的官方紀錄，是內蒙古所締造 1,260 人。要如何召募 1,260 人以上，來挑戰過往的紀錄，是一件極為困難的事。

但是，一方面我告訴自己，不試試又怎麼會知道不可行呢？於是，我提起勇氣向廟方委員會說出此構想，終於獲得委員的認同。

也因這是在台灣前所未有的創舉，這一次的金氏世界紀錄活動，更為智成堂帶來前所未有的挑戰。

再看看這項挑戰金氏世界紀錄的想法，不就是我人生中一直在追求的突破與改變嗎？不斷突破自我的侷限，新道路就會不斷被開創出來。

第一次挑戰金氏世界紀錄圓滿成功，辦活動的過程，開拓了我的眼界，後來的因緣際會，讓我想再次挑戰金氏世界紀錄。

▲智成堂紅布條

▲智成堂贈英國總公司瓦片

　　第二次是在卸任智成堂主任委員職務之後，那時雖然對堂務雖有不捨，但因此有了更多的時間南來北往，自由自在。這樣的悠閒，反而給了我更多的想法，及擴展更多的視野，和自我學習、自我成長的機會。這期間讓我有時間和機會，重拾起過往收集鈔券的興趣。

　　2019 年緣道觀音廟也正式申請挑戰金氏世界紀錄，在得知消息後，無事一身輕的我，受邀前往緣道觀音廟協助挑戰，期許能夠協助他們一次達成，由於我有籌辦「千人千壽復古揮毫」挑戰成功的經驗，依樣畫葫蘆。很快地，緣道觀音廟也成功挑戰金氏世界紀錄—改寫了世界「最大鋼製雕塑 LARGEST STEEL SCULPTURE」稱號。

　　有了再次成功挑戰金氏世界紀錄的經驗，挑起了為我收集的珍鈔，也能留下紀錄保持人的想法。於是，我以「世界珍鈔之美 THE BEAUTY OF RARE BANKNOTES」向金氏世界紀錄公司申請「最大規模的全同號紙幣收藏 THE LARGEST COLLECTION OF BANKNOTES WITH SOLID SERIAL NUMBERS」認證。

其目的在於，有別於以往絕大多數的挑戰者均以「官方挑戰」稱號。而我這次的認證則以「紀錄保持者」稱號，來挑戰金氏世界紀錄。原因無它，因為這次的認證是金氏世界紀錄公司成立 66 年以來，從未有過的挑戰項目。

可說是，世界第一中的第一。對於這種前無古人的創舉，正是我潛意識裡不斷突破、開創與挑戰的個性，留下世界紀錄。這是多麼難能可貴的事，不僅是我個人的最高殊榮，也能讓世界看見台灣。

▲ 世界珍鈔紅布條

## 第四節 突破與說服：我如何去達成金氏世界紀錄

　　不管是在求學、創業、移居海外的階段，我都會為自己設定不同的目標，或許您也是如此。當目標設定後，我便會全力以赴。因為，每一次的目標設定，都只是讓自己突破極限，挑戰自我，才可以不留遺憾，讓生活過得更精彩。

　　我不服輸的個性，常常表現在我做事情的態度上。或許您跟我一樣，下定決心設定好目標，只要秉持堅定的信念，做有效率的執行。也許，過程中會遇到無數的挫敗，但只要勇敢面對，找到方法去解決，就一定能開出最美好的花朵，你說不是嗎？

　　當智成堂管理委員會開會時，我提案以「千人千壽復古揮毫」做為挑戰金氏世界紀錄，並獲得多數委員贊成。身為提案人，又是主任委員的我，挑戰金氏世界紀錄申請案，以及執行勢必要由我來統籌指揮。

　　一時之間，千頭萬緒，不知從何開始。畢竟，這是我的第一次，也是台灣第一次。一想到場地、人力、籌辦所需的經費，不知道要從何處而來，頓時之間有種拿石頭砸自己腳的感覺。因為，明明可以不做這些，仍然可以透過其它方法，帶動智成堂走向大眾的視野，但這個念頭在我腦海也只有零點零一秒的時間。因為，閃躲不是我的做事的態度，既然已經確定好目標是挑戰紀錄，那就想辦法解決，我相信只要找對方法，即使再困難的事也可以迎刃而解。

　　俗話說萬事起頭難。

　　首先，必須向金氏世界紀錄公司查詢申請程序、作業流程等事項，還有原始紀錄保持者的數據是 1,260 人。從提出申請開始，我就知道參與人數會是最大的問題。而人要從哪裡來？並且也要確認這些人，舉辦活動當天一定不會臨時落跑，場地空間又不能太過狹小等問題，一一考驗著我。

　　沈澱一下自己，讓自己冷靜下來。幾經思考，我決心向外尋求協助。

除了向各界大老請益，聽聽大家給予我的建議。

經過一番討論，第一步就是參與人員人數的統計與確認。我決定從廣發請柬，邀請各界人士下手。先是把活動宗旨寫入請柬、網站，讓大家一目瞭然，再統計由這些管道報名的人士便可得知總人數。

所幸獲得來自「廟、官、學、道」各方的協助，就這樣智成堂全員動了起來，工作人員莫不期待超過 2 千人前來本堂書寫「壽」字。

然而，除了廣發請柬之外。首先，我要求堂內幹部、志工全體動員，邀約親朋好友前來助力。而我自己，則分別邀請友宮、廟宇、宗教界好友，政府首長，軍方系統、三芝區區公所及淡水區區公所。動員機關轄下所屬的員工、志工響應，及組織教育界朋友及各社區社團，前來共襄盛舉。

最後，地點選在智成堂廟埕舉行。挑戰當天適逢天公做美，風和日麗，在天時地利人和的最佳狀態下，最終，在大家齊心協力、盛況空前下，以 2,023 人成功挑戰內蒙古 2016 年所保持的 1,260 人書法筆會紀錄。

▲千人千壽活動

▲千人千壽活動

　　透過這次挑戰，我更確認了目標設定，勇於承擔，永不放棄。尋找做事的合適方法與態度。這才是帶領智成堂團隊，空前團結的最佳範例之一。

　　第一次打破官方紀錄後，時隔一年，我卸下了智成堂管理委員會主任委員的重擔。開始了閒雲野鶴的生活，並且重拾起停滯九年珍鈔收藏的興趣。看似簡單的收藏，但卻有其困難度，畢竟鈔券的發行是有時間性限制。

　　在協助緣道觀音廟成功挑戰紀錄後，我開始著手以世界珍鈔之美提出「最大規模的全同號紙幣收藏」做為挑戰。因為，這項挑戰截至今日還沒有人提出過。於是，我給自己設定一個目標，我要突破自我的收藏，我要做個創紀錄的人。當下便開始整理，從旅居加拿大時期便開始收藏的紙鈔。中間雖因職務關係暫停了九年，但這不妨礙我想要改變，突破自己極限的想法。但是，要創紀錄當個紀錄保持人，並不是那麼簡單的事，也因為長期的收藏，對於如何收購或是拍賣，都比一般人來得容易找到方向。

　　所以，我開始透過網路積極向世界各國的收藏家收購。例如，有一組是 MC666666，是由台灣、日本、香港、菲律賓二張等四個國家地區所發行，共五張相同英文字軌 MC，相同號碼 666666 趣味鈔券。還有，透過台灣中央銀行委託台灣銀行公開拍賣取得。這看似簡單又快速的收藏方式，其實還是需要有恆心、耐心及經濟做為基礎。

▲ MC666666

# 第五節 突破與超越：挑戰金氏世界紀錄的時空界定

　　人的一生中，做任何事情都會受到社會人文、地理環境外在的影響，和伴隨著你的夥伴、關係人都在不斷發生變化，這種情況幾乎每天都在上演不同的戲碼呢！

　　或許，會受制於時空背景，但不管是什麼情況，我都要隨時提醒著自己要「以變應萬變」，不斷提昇自己，才能把事情做到極致。

金氏世界紀錄公司它成立於 1955 年，以世界上最大、世界上最小、最長、最短、最高、最矮等世界之最，提供全球人們，互相競爭的一個平台。它提供創造世界紀錄的類別有很多，而每種挑戰都有不同的範圍及限制。

因此，「千人千壽復古揮毫」申請書上，是以智成堂「官方」挑戰為主。並且選擇了以打破 2016 年在內蒙古所創下 1,260 人書法筆會做為挑戰目標。

當目標確認後，我便開始研究挑戰的限制。挑戰時間必需至少 30 分鐘以上，每一個圓桌 10 人座，參與的人員不得離開。即使要離開，見證官必須從中扣除離席人數。否則被查覺，這一圓桌 10 位人數就會從挑戰人數中全數扣除。

還有最重要的是，由於是書法筆會，所以一定要有一位專任講師在台上教導書寫。總之，有著多項的限制。雖然限制頗多，但靠著來自各界人士的協助與支持，終於挑戰成功。

而珍鈔之美「最大規模的全同號紙幣收藏」認證，是我「個人」以「紀錄保持者」，來做設定創造紀錄挑戰的範圍。

或許，你會問為什麼一定要以跨國家、全同號紙幣收藏為主要挑戰項目？為什麼不能用台灣的愛國獎券來做挑戰項目？

因為台灣的彩券是屬於地區性，而金氏世界紀錄的挑戰項目是有其規範的。想成為世界紀錄，它必需要是：1. 具有可被測量，2. 可被打破，3. 可標準化，4. 可被檢驗，5. 基於一個變量，6. 世界最優的國際性。而台灣的愛國獎券是屬於台灣地區性，所以即使提出申請也不會成案的。

我很慶幸早在移居加拿大時期，就受到啟發，開始收藏之路，才能讓我在這項挑戰紀錄時少走一點冤枉路。所以，凡事不要給自己設限，因為任何的限制，都是從自己的內心開始的。

# 第六節 突破與分享：挑戰金氏世界紀錄的成果與期待

　　人一旦有了信念和追求，就能忍受一切艱苦。成大事不在於力量多少，而是在能堅持多久。做事有始有終，值得開始的事，就值得完成。

　　我的做人處事態度是，沒有半途而廢；只有不斷的努力突破，勇於挑戰達成目標，才是我心底最深處的基底，不知道你是否贊成？

　　「千人千壽復古揮毫」從申請到挑戰完成，只有短短的一個月時間，可以說是智成堂有史以來，最團結一心的時刻。來自四面八方各界人士的協助，成功刷新了金氏世界紀錄書法筆會的世界紀錄。

　　過程雖然艱辛，當然也有與其他委員意見相左、爭執的場面。但是，前提都是為了能讓這項挑戰成功。所以，當金氏世界紀錄認證官宣布挑戰成功，這項殊榮，不僅僅是讓智成堂瞬間變成一個代表地方信仰的中心；透過各大媒體的報導，更讓智成堂走入全台的眼前，也讓世界看到我的故鄉三芝。而這一切榮耀，完全歸功於全體協助參與人員、志工朋友等。

　　至於，成功挑戰世界珍鈔之美「最大規模的全同號紙幣收藏」成為紀錄保持人。要知道，流通鈔券發行的背景與時間，與郵局每年定期發行郵票不同。鈔券發行時間沒有那麼密集，往往相距都是好幾年或十年以上。收集的過程相對是漫長，而我只和自己比耐心、比意志力，只需要問自己，是否我每天進步一點？今日之我比昨日之我還卓越，這理念讓我堅持下去。

　　為了向別人、向世界證明，自己努力拼搏勝過昨日之我時，這成就感，帶給我內心無比的歡欣。無須向別人證明什麼，只要能不斷超越自己，就如同我收藏的同軌同號鈔票一樣，做任何事，都不是一蹴即成。只要向著目標前進，終有成功的一天。

# 第二章　土地與養料：蘊育我成長的母親

萬物從土地而生，從生命中獲取愛的力量！

抬頭看看天，它很寬廣；低頭看看地，它很堅實。

感受周圍的環境，讓人溫暖。而我就在這美麗如春，溫潤如玉的芝蘭（三芝在西班牙統治時，命名為巴芝蘭，是指水稻豐盛之地）大地中成長。一個充滿愛的家，培育我做人處事的正確觀念。教導我，做人只有「善良」兩個字；做事就只有「堅持」兩個字。

一個人能走多遠，靠的不是眼睛，而是眼光；一個人能做多大的事，靠的不是技巧，而是格局。

一個人能走多遠的路，靠的是真誠，不是欺騙。做人做事沒有捷徑，只有厚德才能載物。而孕育我人生觀的天和地，這所有一切就從家開始。

# 第一節 三七五減租，我們變小康了

人生很多時候說變就變，不管是天災還是人禍；又或許是自己想要改變。當人曾經擁有，又突然間失去的時候，該如何去看待？在我看來，只要堅持初心、愛與包容，就可以看透人世間的變化。

1948 年冬天，我出生在台灣省台北縣三芝鄉錫板村 5 鄰海尾 18 號。（現今新北市三芝區錫板里）。

▲古厝圖

我家在三芝算是個大家族，家裡有兄弟姊妹十人，我排行第九。由於，三芝面海又靠山，所以家裡世代都是務農與捕漁並重。

小時候常常聽哥哥們說，我們在三芝地區原本是大地主，但因為受到政府的三七五減租、耕者有其田等農地改革政策影響。家裡的農地，所剩不多。一下子，我們就從大地主瞬間變成小戶人家。

▲父母合影

▲父親生日

▲母親生日

▲家族成員

俗話說：靠山吃山、靠海吃海。在爸爸身上，表現得特別淋漓盡致。

每次，看到他堅硬的背影，撐著家中唯一的一艘漁船，每天出海捕漁，心裡總會揪一下，也擔心他的安危。這個時候，我就會忍不住在心裡吶喊著，「我不要一直生活在這窮鄉僻壤，我要改變、我要離開」。

但是，爸爸確實也是靠著這艘船，養活了我們這一大家子人。他常說，家裡人口多，但糊口還算可以。雖然家中經濟狀況尚稱小康，但在那個刻苦的年代，可以上學念書，對一般人來說，可不容易。

不過，爸爸媽媽還是認為，念書才能有更多的機會。於是，我不像其他同年齡的人，需要輟學在家幫忙農務。又因為排行較小，備受兄長姐妹寵愛，只需在下課後，偶而幫家裡做一些家務。所以，我的童年是在一個充滿關愛的環境中成長。現在回想，我會為了孩子移居海外，一定也是深受父母的影響。

# 第二節 背負行囊，我要去打拼！

我在求職、創業的路途上，經常秉持「與人為善」的心態在做事。但是，也因為如此，時不時就會遭遇到挫敗。只能說，不經一事，不長一智。惟有受到挫折，才會知道世間百態、人情冷暖。

不過，這不影響到我對「真、善、美」的人生觀。甚至，更堅定認為，只要自身擁有強大的能力，才能突破難關，迎接更美好的未來

初中畢業後，滿心想離開故鄉，到外地工作。經過親友介紹，進入一間車床業鐵工廠。一開始，先當學徒，這是我正式進入社會的第一份工作。由於，沒有工作經驗，樣樣都是初體驗。而看似簡單的工作，事實上也吃了不少苦。

▲三芝國小

▲三芝初中

　　由於，我來自一個充滿關愛的家庭，再加上是剛離開校學的社會新鮮人。所以，不管什麼事情都不會有太多防備。

　　在工作上，前輩們交付的事情，不管多困難，我都會盡全力去完成它。完全不會把所謂的職場「霸凌」這件事，來跟自己做連結。總是感謝同事，能讓我有機會學習。直到有一次，我在作業時傷到了手，這才意識到，這是一份危險的工作，當下情緒低落到谷底。但是，我並不想想怨誰，而是開始自我檢討，得到了結論，就是我自己的專業知識不足。因為，沒有誰一定要幫助我。於是，我告訴自己，放下不滿的情緒，努力改變現狀，這才是根本的解決之道。

　　就這樣，我在鐵工廠兩年的時間裡，學會了做人的道理。當然，也學會了不少專業知識。

　　離開鐵工廠後，為了能有時間念書，找了一份進出口報關業務的工作。利用下班後的時間，進入高職夜校就讀，就這樣白天工作晚上念書，半工半讀四年。

　　我相信經歷過的困苦，都是有意義的。因為，這是我要為日後承擔重任的先兆。

## 第三節 遇到對的人，築巢打拚，開始美好新生活

魯迅曾說：「感謝命運，感謝人民，感謝思想，感謝一切我要感謝的人！」

我的這一生中，最幸運的就是不斷的遇到貴人。不管是在婚姻或是事業上，往往在對的時間，遇到對的人，而讓事情更加事半功倍，這一切應該也是大家心之所望。

所以，我格外珍惜當下所擁有的。時刻不忘飲水思源，不知大夥是否也跟我一樣？

四年高職畢業後，接到入伍徵召令。心想千萬不要抽到一些奇奇怪怪的兵種，但是，怕什麼就來什麼。我竟然抽中了特種部隊三年，當下真是有口難言！

正式進入部隊前，需要先到訓練中心培訓四個月。進入中心前，不少親朋好友，時不時就會提醒我，訓練心中是如何的困苦難過，入伍時心中更是忐忑不安。

但是，沒想到在中心培訓的四個月裡，備受訓練班長等長官愛護，他們分配我負責採買全中心的飲食。所以，並沒有受到太多困難的特訓，很快地就順利結訓。

結訓後，分發到台北縣泰山貴子坑部隊。仍舊是受訓四個月，結訓時以第一名結業。

就在我結業準備分發部隊前，部隊因為警衛單位出現軍紀問題，警衛全面調動，重新遞補人員。挑選人員的名單，首選就是由本次結訓人員中優先挑選遞補，身為榜首的我，也就這樣被挑選出來。

初期安排在警衛班服役，新兵只有站衛兵的份。站衛兵崗位又是正大門，如果沒有什麼概念的人，可以想想，忠烈祠門口的憲兵，是如何執行勤務。所以，可想而知，箇中滋味，不是一般人能承擔。

但是，身為保家衛國的軍人，只有服從命令。後來，轉為會客室接待，這時可以說輕鬆不少。

直到接近退伍，三不五時還有小週末外宿的福利。而這一切，或許是冥冥中安排好的。因為，如果沒有被挑選留在泰山部隊，我就沒有機會認識住在新莊的太太。我就在這樣平靜又甜蜜的小時光裡，完成了國民應盡的義務，結束軍旅生活。

退伍隔年結婚，大女兒誕生。

我也來到岳父經營的建設公司，擔任工地現場管理工作。由於，建案不會一直在同一處，妻女就跟著我南征北討。生活上，雖不至於太辛苦，但始終都沒有家的感覺。

可能是我來自於溫暖又有愛的家庭，所以，對於家的眷戀始終難以忘懷。在各大工地工作一陣子後，有了想安定下來的念頭。於是，離開建設公司，感謝岳父、岳母這段時間對我們一家無微不至的照顧。

之後，舉家搬遷到台北市，寄住在汀州路二哥家的四樓，在此期間備受兄長照顧。

1975 年二女兒出生，家庭負擔日益加重。為了生計，我開啟了人生第一次創業。地點選在三重龍門路，開了一間水果批發商店，俗稱「行口」。

雖然有聘僱店員，但是，我並沒有實戰經驗。不管是跟大盤商喊貨，還是水果如何保鮮等一連串的事，沒有哪一件事是我熟悉的。再加上，每天清晨四、五點，就得騎著摩托車，載著妻小共四人，來往於台北與三重之間，相當辛苦。

不得不承認，隔行如隔山。最後，實在不忍看著妻小每天跟著起早、趕晚、風吹日曬，只好忍痛放棄。關閉水果行後，夫妻兩人陷入長思，究竟該從事哪種行業，才能真正的達到學以致用，並且能照顧到家庭。

於是，開始從事自己所學的會計業務，代客承辦「商業登記」、「帳務處理」（記帳士）等工商業務。客戶的來源，經由報紙的廣告，從無到有，

不斷的累積。外面事物，由我負責處理。妻子主內，兼顧照顧子女。過程中，為了業務所需，同時也為提升自己，便利用時間就讀空大、政大企經班。一時之間，全家過起了有滋有味的生活。

## 第四節 誤交損友，繳了學費，一切歸零，人生該長智慧

內不欺己，外不欺人。這是弘一大師，勸勉人們的話。

人與人相處，貴在誠信，而我是個極重承諾的人。

但是，現今的社會，誠信似乎不再那麼被人重視。很多人以利益為導向，但這真的比較好嗎？

俗話說：誠信為本，信譽是金，為人厚道，精誠合作。這才是做人的根本，不是嗎？

對於想要擁有一間屬於自己的房子，屬於自己的家這件事，一直是我心裡最堅定的信念。

1979 年，終於在台北市復興北路購買了屬於自己的家。雖稱不上豪宅，但也足以應付一家老小。

就在一切看似日漸步入軌道，朋友跟我告急，提到他要創業急需資金。當下，心想自己當年創業，也是受過不少親友協助，便答應借他新台幣 200 萬元。當年的 200 萬，可不是小數目呀！

但是，答應了朋友，再難也要做到，這是做人最基本的信用問題。於是，我拿著房契跟銀行借貸出這筆鉅款。

然而，自以為對朋友有信用、講義氣。殊不知，朋友已經捲款逃跑。等到約定要還款的時候，對方開始避而不見，催討無門。這個時候才驚覺，交友不慎，識人不清。以至於到最後，血本無歸。在此同時，家中迎來了小兒子，房貸、公司的現金應用，出現缺口。最後，只好忍痛出脫房子。

雖然遭到朋友的欺騙，但我依然堅定相信誠信才是做人的根本。

時至 80 年代中期，台灣有一項全民運動 - 簽大家樂。它的開獎，附著在 1950 年為疏解台灣財政困難發行的愛國獎券上。

◀ 愛國獎券第一期
▼ 愛國獎券 1171 期

當時，正值經濟蓬勃發展，人人口中喊著，台灣錢淹腳目。全台為之瘋狂，百業齊放。無論是士農工商、販夫走卒，甚至是企業家、政治人物、公務人員等紛紛投入簽賭行列。於是乎，時不時就會有人自稱有管道獲取「明牌」，而擁有「明牌」的人，就相對重要了。

所以，一時之間求「明牌」的風氣遍佈全台。民眾紛紛湧入大小廟宇、有應公、墳墓、石頭公、靈媒等求明牌。

當然，我也沒有置身事外。為了求得「明牌」，時常三更半夜南北奔走。

現在回想，實屬瘋狂。但是，說也奇怪，這些所謂的明牌，的確也有很多都印證在中獎的事實。

例如，有一次在求明牌時期，經常往返嘉義私人神壇。神壇神明在祂所降的詩文裡，隱藏著阿拉伯數字。而這些數字，還必須使用放大鏡，才能看得清楚。或許，現在看來有些滑稽不可信。但是，這些號碼中獎的機率卻非常高。

還有一次，蘆洲河堤外的有應公，也是我經常去求明牌的地方。應該是緣份的關係，事前每每都會告知，什麼號碼才是正確。例如是 96，而祂告訴你最後明牌是 69 別被誤導，結果所開出來的號碼確實是 96。

另外，大樓住宅內出現兩隻錢鼠，一前一後。後面這隻，咬著前隻的尾巴。鼠是生肖排第一，常人判斷是 11。開獎出來無誤，的確是 11。

更神奇的是，告訴我內人趕快去簽特尾三（也就是三位阿拉伯數字）258 這個號碼，竟然也真的中了。不過，卻讓組頭跑路，領不到彩金。

又每當開獎幾個小時前，會有一隻喜鵲鳥飛到 13 樓。在欄杆上報喜，那表示這次必然會中大獎。舉凡種種事態，頗為神奇，信不信由你去判斷！

說也奇怪，中獎的錢財，怎麼得來，就怎麼去。

正因賭博風氣橫行，造成許多人傾家蕩產。甚至，最後鋌而走險犯罪。到處可見廢棄神像（落難神明），福德坑垃圾場特別建一座「西寒寺」來安置。連萬里一民間寺廟，也容納了一、二百尊落難的神像。最後，在 1987 年 12 月 27 日愛國獎券 1171 期後，走入歷史。

值此期間，終日晃晃，隨著時間的流逝，事務所依然繼續營業。

但人生的起伏之大，從無到有，乃至又化為虛無。冥冥之中，似有似無的都在告誡著我們，凡事不可不勞而獲。想要擁有幸福和歡樂，必需要經過奮鬥，而最有價值的是為夢想而奮鬥。

有夢想，心就有了方向。就算失敗，一無所有了，還是要時刻提醒自己，至少還「活著」。既然「活著」，就要過的精彩，這才叫做人生，不是嗎？

# 第三章 勇闖天涯‧海外回歸‧服務故里

　　人類是一種很奇妙的生物，年輕的時候會一味地想往外跑，眷戀著外界的美好，而我似乎也是。

　　小時候，為了想改變自己的人生，遠離家鄉外出打拼。結婚生子後，為了孩子的未來，移居海外。或許，很多人跟我一樣，不管去到多遠的地方，很奇妙的總有種說不來的疏離感。或許，這就是「人不親土親」的心理。

　　回家不需要衣錦華麗，不需要光耀門楣。只要在那片你出生的地方站一站，就會有歸宿感。

# 第一節 為「愛」遠走他鄉，兩地奔波不說苦

生活中會發生什麼，我無法選擇。但至少，我可以選擇怎樣勇敢面對。所謂的幸福是什麼？或許有人覺得要功成名就。但是，有些家庭一家人四分五散，真的是幸福嗎？

所以，我所認知的幸福，就是不管遇到什麼困難挫折，一家人健健康康團聚在一起，共度風風雨雨、平平淡淡的日子！

或許每個人有其它的觀點，但不能否認，家才能讓人翻倍成長的動力來源！

1992 年年中，好朋友到家裡做客，他告訴我，他準備全家移居加拿大。得知消息後，我也開始思考，為了孩子的前瞻，是否也應該做出同樣的選擇。

幾番考量後，我便立即著手研究，哪種移民方案，能最快速辦理。比對了依親、投資、企業家移民等方案，最後採用能最快也最有機會的「投資移民方案」，也獲得加拿大政府同意。

當下立即辦理申請手續，同年年底接到加拿大移民局的通知，我立刻前往墨西哥面談，過程一切順利。隔年 6 月，獲得移民許可。拿到許可證後，馬不停蹄的準備著全家移居加拿大的各種事項。

日子很快地過去，同年 7 月，在小兒子小學畢業當天，全家前往加拿大報到，從此展開全新的生活。

移民初期，由於人生地不熟，言語不通，一切從頭開始。這個時候才知道，「出外靠朋友」這句話的真諦。還好我做人做事，一直秉持與人為善的道理，才不至於求助無門。這件事更讓我對「人情留一線，日後好相見」這句話，有更深的體會。

初來乍到加拿大，首要面對的就是居住問題。

由於語言不通，住的好不好，或是住哪個區域，已經不是最重要的，

而是根本就不知該從何處找起。還好，在朋友的介紹下，暫時先在溫哥華東區，承租一間地下室，暫時充當遮風避雨的安身之處。

其實，從亞熱帶的台灣來到寒帶的加拿大，光是氣候就吃盡苦頭。但再難再苦，我就是抱著「既來之、則安之」的心態。不要抗拒逃避，一家大小先安頓下來，其它問題再來一一想辦法解決。

食、衣、住、行中住的問題，暫時解燃眉之急。但日常生活中總要吃，及添購日常生活物品，這一切完全仰賴朋友的協助。

然而，既然移居加拿大，長期租屋居住在地下室並非長久之計。因此，透過仲介業者的介紹，同年 8 月買了位於溫哥華西區 18 街的房子。這裡的環境可說優美舒適，房子大小適中，三房格局真可謂是小而美。房價是當時的加幣 50 餘萬元，因為第一次在加拿大買房，所以記憶猶新。

▲加拿大住家

每回到加拿大陪伴孩子，看見房子前面道路兩旁高聳直立百年老樹，總會感受到自己真的非常渺小。

安頓好孩子在加拿大的食衣住行，由於台灣的事務所並沒有結束營業，所以經常需要往返於台灣與加拿大旅程，當起所謂的「空中飛人」。

　　那時最大女兒是個五專生、最小兒子小學剛好畢業。夫妻倆人都不想讓年紀輕輕的姐弟，單獨生活在陌生的國度、陌生的環境。因此，一有機會就飛來與孩子們相聚，以疏解他們的不適應。有時候夫妻倆同行、有時錯開不同時段，儘可能保持著，加拿大有父親或母親在身旁陪伴他們，讓孩子能夠感受到父母親情的存在。

▲加拿大家人

　　不捨孩子孤單，我想應該是受自己的成長背景影響。畢竟，我在家族始終備受呵護。猶記最高的飛行紀錄，一年往返超過十二次以上，飛行哩程已獲得航空公司翡翠卡會員的尊榮。

　　這樣的移民生活，在外人眼中或許看不明白。為何要如此辛苦？

　　但是，做父母的也只是想留給下一代，能夠有多一種選擇空間，而這一切所必須付出的代價。包括，夫妻長期分離兩地，造成多數家庭出現負面影響，尤其是夫妻之間，常常就會聽到哪位鄰居身邊不是多了小三，就是多了小王，不勝枚舉，令人不勝唏噓！還好，這些事情在我跟太太身上並沒有發生。

有人說，距離不是問題。但事實上，有多少人是因為忍受不了距離的折磨，而背叛了自己最親蜜愛人！那些人到最後的結局，令人嘆惜！

　　這些完全就是因為一家人沒有共識，沒有做出正確的選擇，忘了初衷。而我跟太太安然度過這些移民困境，完全是為了要讓一家人的未來生活，更加美好去努力奮鬥，讓自己當初的選擇，變得正確。

　　夫妻倆一直台、加兩地來回。時至 1995 年，依然頻繁進出加拿大。期間，少不了會有親友跟隨一同前往旅遊。加拿大海關，一般除了審查文件外，還會提出一些盤查問題。

　　不巧，有一次因不熟悉加拿大當地法令，與太太同行的未成年姪女（妹妹之女），未攜帶父母親的同意書，被卡在海關四、五個小時，等待台灣補來同意書才能放行。

　　在這漫長等待時間，海關人員就將太太的護照翻個仔細。何時入境、何時出境，一一統計出來。最後，告訴內人，這次最少要居留六個月才能出境。否則，將沒收移民紙。這是非常嚴重的問題，所以只有照辦。

　　但是，六個月漫長的時間，在加拿大又將如何度過，總不能坐困家中。幾經思量，只有找個打工性質的工作，來打發時間。於是，當地的超級市場成為首選，太太開始在蔬果生鮮部門工作。

　　至此，一頭栽進去的她，因個性上，凡事都要做好的做事態度，轉眼間由打工成為正式員工。她經常被形容，以超級市場為家。正因如此，奠定了融入加拿大社會的基礎，在她努力的學習、付出之下，深獲好評，更獲得長官愛戴。

　　時至今日，擔任蔬菜部資深教師。超市員工想做儲備店長者，都需要接受其訓練。她也因此，桃李滿天下。如此一來，可說對超市以及我們這個家貢獻良多。她真的是值得疼惜的一位賢慧愛妻！

　　相反地，我就更形孤單，獨來獨往的單飛。

　　在台灣是獨自一人，所謂的「台獨份子」。在加拿大，是獨自一人在

家的「獨家份子」。人說，有一好，就沒二好。對我而言，唯有面對、調適，「人的一生當中，會發生好事，也會發生壞事。無法控制會發生些什麼，但一定可以掌控自己的處理方式。」在逆境中，要看到生活的美，在希望中別忘記不斷奮鬥。

旅居加拿大時，為了融入，不免俗的要了解，居住周邊的環境及景點。

其中，每年 9 月至 10 月，我從溫哥華出發 450 公里到亞當斯河 Adams River，觀賞滿山遍野的楓紅，及每隻充滿鮭魚卵的母鮭魚回流，彷彿將整個河流染成紅色的地毯。

鮭魚每四年一次大回流潮，當它從亞當斯河產卵區產卵浮化小魚後，沿著河川，順流而下，到達海洋。直到四歲大的成魚，為了孕育新生命，逆流而上，在傳宗接代產下所有卵之後，而結束生命。

每每看到這種情景，總讓人有深刻的感觸，鮭魚為了繁衍下一代，使族群生生不息，代代循環下去。更何況是人更不能忘本，吃水果拜樹頭，落葉歸根的道理。

然而，家鄉早在我的內心生根，在沒有防備離開的時候，就無意識的染上了鄉愁。鄉愁是一種世世代代傳承的記憶，走得再遠再久，也會帶我回到那個魂牽夢繞的地方。於是，我興起了回歸故里的念頭！

鄉愁，是一顆沒有年輪的樹，永不老去。

出門在外的我總是在看到與家鄉有關係的事物，甚至只是看到身邊熱鬧的場景，就想起記憶中的老宅。少年離家時，遠遠望著我的父母等。

對故鄉的眷念，可以說，是我心底永恆的情感。總是會讓我這個遊子，萌生倦鳥歸巢，落葉歸根為故里服務的想法。

我內心吟唱著賀知章的兩首〈回鄉偶書〉：「少小離家老大回，鄉音無改鬢毛衰。兒童相見不相識，笑問客從何處來。」「離別家鄉歲月多，近來人事半消磨。唯有門前鏡湖水，春風不改舊時波。」

我再次返回台灣新北三芝故里。

# 第二節 服務信眾，主持鸞堂，推動廟務制度化

人生就是這麼奇妙！

返鄉後，一切又回到原點。曾經急於逃脫的故鄉，現在，反而成了我心中一個歸屬的原點，不再有飄泊感。人活著，總得有個堅定的信仰，不光是為了自己的食衣住行，還要對社會有所貢獻。

當我開始投入智成堂志工行列時，我才了解信仰不只是一種學問。信仰更是一種思想與行為，它只有被實踐的時候，才會顯現有意義。而我為信仰而戰、而生活，我因信仰確定人生目標而前行。

2005 年回歸鄉里，投身宗教團體－智成堂，成為恩主公的信徒。

剛回到家鄉，只想為家鄉做些事。一時之間，不知從何處下手。無意間，在智成堂廟方紀錄裡看到，爸爸楊有義在 1984 年（73 年）正式向台北縣政府立案管理委員會時，是第一屆監察委員之一。

頓時，我有了想追尋爸爸腳步的念頭。但是，對廟務一竅不通，只好先加入志工行列，為恩主公、鄉里服務，開始入門。

邊學邊做，這一切都落在同為鸞堂信眾眼底。

2007 年 5 月，我被推選為智成堂第四屆管理委員會管理委員之一。雖然寺廟與生長地方緊鄰。但是，對宗教的禮儀，說真的，沒有太多的認識。樣樣都是新鮮事，只能虛心學習。

2010 年第五屆智成堂管理委員會改選管理委員、監察委員；當時的我，雖是委員之一。但就資歷、輩份、倫理而言，主任委員一職，是輪不到我被提名的。不料，有兩位深具影響力的仕紳，前來勸說。對於我先前曾表達過，很多改革堂務想法，表示創新，對堂務是有加分作用，願意支持與協助。

於是，就在眾多委員，以及信眾的請託下，我懷著誠惶誠恐的心、外加各界期待下，備感無奈的接下第五屆管理委員會主任委員。

以往，智成堂只是地方信眾信仰所在地。但是，在我接下主任委員一職後，為了能讓智成堂不再只是廟宇、不再只是信仰中心，立刻著手規畫，如何能讓智成堂提升能見度。

於是，我有了想舉辦營造社區改造、參與社會公益、提倡宗教文化等活動的想法。其中，首重推動廟務制度化改革。

改革主要分為六大項：1. 科儀、禮儀等方面，遵循古禮、傳統，聘請法師、求教前輩來執行。2. 管理：採用科學管理，電腦化、精進化，有效率的管理。3. 透明化的財務管理。4. 人事：用人唯才。5. 廣徵志工、分工合作。6. 拓展行銷。

這一切的改革規劃，是需要人事來擔任於是又分別歸納在：1. 如何創新思維開展廟務、2. 勇於承擔，共同努力、3. 廣拓財源，美化環境、4. 調整人事，重整士氣、5. 團結志工，避免分化、6. 神助人助，靈顯智成等六點。

**1. 創新思維，開展廟務方面：**有些人認定，智成堂為地處偏鄉的地方廟宇。因此，香客相當有限。今天，智成堂不能再自以為傲，只求滿足現況，而應該排除地方廟之思維，創造一些嶄新的思維，勇於踏出第一步。例如，千人千壽復古揮毫活動、書法比賽等之類活動，使智成堂成為一個觀光亮點。配合網路、臉書之宣傳，推向外縣市、走向國際，吸引更多遊客、香客來到智成堂。

**2. 勇於承擔，共同努力：**管理委員會所有委員，大家都要具有共同的任務、共同的使命，去推動委員會、信徒大會之議決案，及寺廟廟務等慶典活動進行的義務。這一切成敗功名，都是大家所要共同承擔、共同分享，絕非一個人所為、一個人所享。願所有委員團結一致，對智成堂付出更多更多的努力與貢獻。

**3. 廣拓財源，美化環境：**建設、美化環境皆需要財源來注入，除了人事經費、寺廟固定水電費、修繕等必要費用。在有限的添油香款外，皆仰賴舉辦活動及補助款。例如，利用千人千壽復古揮毫，締造金氏世界紀錄之聲譽，開發文創藝品、世界紀錄牆來帶動觀光，增加遊客、香客來廟參拜。

4. **調整人事，重整士氣：**管理委員會主任委員任期三年，任期屆滿原聘任人員，與主任委員全部總辭，讓新管理委員會主任委員有新的人事任用權力。又所謂新人新氣象，目前廟祝年邁八十，效率不足，重新聘僱。總幹事功成身退，轉任委員，另聘請新人，突破困境。

5. **團結志工，避免分化：**志工任勞任怨，無怨無悔，精神可嘉。是寺廟的根基，至為重要。智成堂志工有限，又分組別，造成人員稀少，工作時，有力不從心、讓人覺得不夠團結，而應廣徵志工參與。

6. **神助人助，靈顯智成：**智成堂目前可說轉型期也好、必要的是人助、人和、神助，四面八方的賢達貴人相助。寺廟委員會委員、廟務人員、志工們等大家和諧相處，讓智成堂成為一個祥和之地（寺廟），人人樂於前往參拜，自然亦是恩主所樂見。誠如 107 年 4 月 14 日，進香台南玉井三清宮前廣場，智成堂志工淨香爐上顯靈「天書」之神跡一樣，讓人警惕勿為非作歹，抬頭三尺有神明之印證。

# 第三節 儒宗神教：楊明機儒門科範

## 1. 智成堂的前身與沿革

接任智成堂主任委員後，開始積極研究智成堂的沿革。查遍內部文件、拜訪耆老們等都未曾提到分堂的事、或記載這些史實。2008 年（民國 97 年）開始建構智成堂的專屬官方網站時，也只有根據簡易的沿革內容做延續。所以，內容相當有限。

但是，我始終都覺得，應該把歷史研究清楚，才能給後代有更清晰的歷史軌跡去追憶。

於是，我在主任委員任期內，就從庚子年（民國前 12 年開堂）開始，剝絲抽繭地深入探討。當然，不外乎要從 1914 年（民國 3 年），來堂接受訓鸞的楊明機身上進一步去了解，尋找有關於他對鸞堂的貢獻及影響。

對智成堂而言，當時年僅 16 歲的楊明機來堂訓鸞。短短四個月時間，得神聖傳真之妙，凡詩、詞、歌、賦、豁然貫通，無所不能。使其父親楊元章心服，棄耶教而信神教，受命總理。

▲ 楊明機扶鸞圖

▲ 楊明機生活照片

1919 年（民國 8 年）扶出生平第一本鸞書《救世良規》之後，未久便離開三芝，各自經商。

他於（1925 年）創立台北贊修宮，1929 年（民國 18 年），與智成堂合編《清心寶鏡》卷一～卷四共二本四部。1936 年（民國 25 年）同樣是贊修宮與智成堂合編《儒門科範》、《覺路金繩》，1956 年（民國 45 年）再返鄉回來本堂扶鸞著造《六合皈元》，共五本善書。

在了解楊明機先生深受智成堂影響後。首先，就要從鸞堂系統理解開始，智成堂、智成忠義宮一般鄉民稱之為「仙公廟」。和台北民權東路行天宮、忠義行天宮、三峽白雞行修宮一樣，都是屬於鸞堂系統的恩主公信仰。所以，又稱之為「恩主公」廟。

而三芝的恩主公信仰，庚子（民前 12 年）西元 1900 年，由郭石定首倡，並得張子清，江盛元二善士之協力，由淡水屯山古聖廟芝蘭「行忠堂」刈香至本鄉。在今福成宮旁，林氏甘娘房創設鸞堂，定堂名為「智成堂」。

▲行忠堂圖

大正二年（1913年）智成堂堂分為小基隆與錫板兩處，錫板先建廟宇，於是延用「智成堂」，小基隆處則將列位恩主移居張子清厝，繼續供奉，宮名為「智成忠義宮」。

### 2. 智成堂「儒宗神教」的由來

智成堂開堂以來，領袖皆為儒生，以扶鸞降下儒教道德律為主的詩文勸世。

楊明機先生又在短短四個月的訓鸞，得到恩主公的加持，而天啟開竅，不但能出口成章，並開始扶鸞。

▲ 救世良規

1919年經扶鸞扶出生平第一本鸞書《救世良規》。扶出「儒宗神教道統克紹真傳法門」。然而，楊明機當時並不了解其中涵意，至民國25年扶鸞著作《儒門科範》，該書所記，皆為儒宗神教之科儀，始恍然大悟！

《救世良規》：民國8年(1919年)著成；主要內容以勸善與個人修身有關。包括戒修身立道二十二首，戒為惡不法六首，戒奢華四首，戒酒色財氣十六首為主，詠神仙三首，勸守四維八德八首，勸和睦息干戈兩首，勸讀書啟文風四首其他四首。與家庭倫理有關，勸誡兄弟相爭，姒娌不睦四首。與社會有關，勸四民五首，感嘆世態炎涼，光陰不在六首。其他三首，此書實偏重儒家之誠意、正心、修身、齊家等個人德行及家庭五倫之遵循。

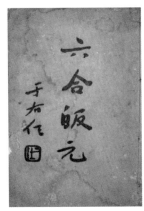

　　《清心寶鏡》：民國 18 年 (1929 年 ) 著造；本書〈卷一〉，以詩詞為主兼附行述。〈卷二〉，以行述及案證為主。〈卷三〉及〈卷四〉，階闡述個人因果。

　　《儒門科範》：民國 25 年 (1936 年 ) 降筆著造；制定儒宗神教的科贊禮儀。共分三部，〈卷一〉天部編：有慶祝各類神明之聖誕表文，儒宗神教法門天職的階級，法器的擺置等，及儒宗神教的法規。〈卷二〉地部編：有各總疏文，牒文。〈卷三〉收有各聖神之寶誥，無極內經及各類科儀。第三版附「寶籙部」收有各類寶籙。因此，《儒門科範》的著造，實為儒宗神教為其教門之儀規法度所創做之聖典。

　　《六合皈元》：民國 45 年 (1956 年 )，由正理楊明機主鸞通神著做。

　　本書在德性方面，仍為陳述重點。但是，值得注意的是，本書在宗教修持、宗教之功能、宗教教派方面之強調。例如，談智慧、精進、佈施、禪定三期普渡、宗教護國、教派相爭等。以上節錄自，王志宇著《台灣的恩主公信仰－儒宗神教與飛鸞渡化》。

　　鸞堂為一種以扶乩 ( 扶鸞 ) 為主要儀式，神人溝通方式的宗教組織。

　　廣義的鸞堂，泛指使用扶鸞進行神人溝通的組織；狹義的鸞堂是指，以三恩主信仰為核心，所發展出來的「儒宗神教」。

在三芝最早的書《節義寶鑑》再版，當中開宗明義；夫鸞堂者，即是儒宗神教，道統克紹真傳法門也。

儒宗神教的名稱是在民國八年（1919年）由楊明機等人扶乩而出。其目的在統合台灣當時已存在同時供奉關聖帝君、孚佑帝君、司命真君，稱為「三恩主」，少數鸞堂加上王天君、岳武穆王，稱為「五恩主」之恩主公信仰。

三芝智成堂造《救世良規》，鸞示「儒宗神教道統克紹真傳法門於智成」，這是「儒宗神教法門」的濫觴。

1936年贊修宮與智成堂聯合扶鸞的《儒門科範》，不僅確立「儒宗神教」名稱，也訂定了鸞門內部的法規，成為統一科贊禮儀範本。

### 3. 楊明機與《儒門科範》

民國45年（1956年），智成堂接受楊明機「制度性」鸞堂的建議，再度出版他在1936年書寫的《儒門科範》。

該書內容頗為豐富，規劃孔子神殿祀位擺設，祭孔釋奠典禮的程序、音樂，各神祇聖誕使用的祝文、祭文、表文，超度祖先的牒文、疏文，每日禮眾神時課誦的寶誥、經典等。這是儒宗神教少見的科儀著作，也是楊明機畢生希望將恩主公信仰祭典禮法制度化的夢想。

在本書再版後，索取者眾，一時之間，洛陽紙貴。此書對本地鸞堂產生重大的影響，也再次提升智成堂的聲望。

而智成堂先賢楊明機，為鸞堂起源自新民堂建立系譜，也就是鸞堂道脈。同時，為鸞堂提出「儒宗神教」法門，並創《儒門科範》為鸞堂定科儀，為鸞堂發展立下基礎與規範，而今臺灣諸多鸞堂就是以「儒宗神教」之名，共同的立教。

鸞堂的活動，需要書寫與宣講的能力。因此，往往與文人關係較為密切。核心幹部多有知識分子的參與，亦經常傳播勸善詩文，與儒家的道德教化相呼應。

「儒宗神教」主要宗旨，為宣揚儒家倫理道德，以儒家教化為主的鸞堂。約自清末，在臺灣開始發展，分成三大系統：

一、宜蘭喚醒堂系統之新竹勸化堂、淡水行忠堂、苗栗感化堂、三芝智成堂，臺北覺修宮、臺北指南宮、臺北行天宮。

二、新竹復善堂系統，包括其分香之新竹代勸堂、苗栗修省堂、苗栗重華堂

三、澎湖－新社系統，及其分香之澎湖地區鸞堂，這三大系統因楊明機整合為「儒宗神教」。

透過楊明機編著《儒門科範》，規範「儒宗神教」的科贊禮儀，制訂12 條法規：1. 三綱五常，以重聖門、2. 克敦孝悌，以肅人倫、3. 謹守國法，以戒爭訟，4. 篤愛宗族，以昭雍睦、5. 崇重法門，以堅信賴、6. 黜革異端，以崇正道；7. 明修禮讓，以厚風俗；8. 尚持節儉，以惜財用；9. 解釋讎忿，以重生命；10. 內外兼修，齋戒慎懍；11. 體天行化，克己渡眾；12. 勤求精進，日就成功。透過這些編著及法規讓儒宗神教更有系統及制度化。


### 4. 智成堂宗教信仰與推動儒學

現今社會，因為快速變遷，經濟結構急遽轉變。傳統與現代價值相互衝突，社會治安日趨惡化，道德倫理淪喪。

如果能透過智成堂，以宗教信仰來宣揚儒家倫理道德，藉此匡正扶弱及教化子民，補目前社會之不足。

智成堂具有其社會責任，惟有推動儒學，來做引導才能讓民眾在各個的角度和格局才會更高，得以改善社會風氣。

# 第四節 智成堂尋根之旅

　　不管你來自哪個地區，不管你擁有什麼信仰，承先方能啟後，傳承才能有創新。正所謂「慎終追遠，民德歸厚矣」。更何況是一個地方信仰中心，當然是要溯本清源，於是有了一連串的尋根之旅

　　在人不能忘本，飲水思源的立基下，我於 2012 年（民國 101 年）3 月 31 日，舉辦了一場智成堂鸞堂尋根之旅。

　　首站，參拜祖廟淡水屯山古聖廟芝蘭行忠堂、宜蘭新民堂、碧霞宮、喚醒堂等一日尋根之旅。同時，完成了寺廟與寺廟間的宗教文化聯誼交流。

▲喚醒堂

▲碧霞宮

▲新民堂

▲行忠堂

為什麼會做如此安排，肇因於宜蘭新民堂是北台灣鸞堂的祖廟，在淡水、三芝、金瓜石、台北的鸞堂，皆從新民堂分出、開枝散葉，成為臺灣特有的恩主公宗教崇拜體系。

智成堂就屬這一體系，也就是這一道脈的一員。而且，智成堂所著造五本善書，都載明這一事實，現就擇要說明：

大正8年（1919）智成堂善書《救世良規·卷2》第42-43頁，〈讚鸞堂譜〉文前就說：「且自我蘭陽始創，興教化之先，一脈相承」，又有詩「天道循環轉，炎涼各有由，蘭邦原始創，錫地復重修。」

另一善書《清心寶鏡·卷1》第5頁，更說「淡津智成，繼蘭陽之餘澤，道脈相連，賴茲而振」。

智成堂普受重視的一本善書《六合皈元·卷上》第15頁清楚記載，臺灣鸞堂之設，始自蘭陽新民堂，並發展出一脈相連之正統，這也就是大家所熟知的宜蘭系統或所謂的北宗。

民國45年（1956）再版《儒門科範》於256-257頁，又再提到臺灣鸞堂是「七十年前，由宜蘭縣長李望洋，自甘肅而傳來，初設新民堂於文廟旁」。

在民國72年（1983）智成堂再版首部善書《節義寶鑑》再版跋文，又說道：臺灣鸞堂「傳自宜蘭縣長，由甘肅傳來，首創新民堂」。

而智成堂先賢楊明機為鸞堂起源自新民堂建立系譜，也就是鸞堂道脈。同時，為鸞堂提出「儒宗神教」法門，並創定鸞堂科儀《儒門科範》，為鸞堂發展立下基礎與規範，而今臺灣鸞堂共同的立教的精神就是「儒宗神教」。基於以上原因，才會做此尋根謁祖之旅。

這一次是智成堂113年來，第一次的鸞堂尋根之旅。

在宗教上與教育上，都有非凡的意義。鸞堂自清朝末發展到今一百多年，會辦這次最有規模的尋根謁祖活動，在鸞堂發展的歷史上，體現鸞堂尊師重道，重視師承的儒教精神。

如今社會，恃強欺弱，唯利是圖，倫理不明，師道淡然。我們的尋根謁祖之旅，期望從鸞堂自身做起，啟化社會，秉承代天宣化，以移風易俗。

# 第四章　第一次挑戰：想讓世界看見台灣

　　人生就是一個不斷創新挑戰自己的過程，只有不斷地突破現狀，勇於挑戰，才能遇見更優秀的自己。

　　做任何事都有第一次，不論是挑戰自我，還是挑戰世界紀錄；唯有剛毅面對，堅強迎接挑戰，這樣才能在挫折風雨中看見彩虹，你覺得呢？

# 第一節 推動社區營造，創意靈感，讓我們看到曙光

天下事都以靈感肇端，以實踐落成。很多時候，做任何事的出發點，其實都不是為了什麼宏大的目的。但常常因為在執行過程中，才會發現原來結果會是令人意想不到的亮點。

就如同我一心只為推動家鄉社區改造，卻未想到，一場書法比賽，興起了前所未有的靈感，最後帶給我們的是更美好的境界。

我接任智成堂主任委員一職，時間長達三屆九年（2010～2019）的時間。

最值得我自豪的有兩件事。第一件，就是辦理智成堂建築物取得新北市政府核發使用執照、建築物所有權登記、合法寺廟登記證。如果沒有先做到這件事，之後的另一件「千人千壽復古揮毫」挑戰金氏世界紀錄，就不用說了。

為了讓智成堂能更親近信徒，推薦給社會大眾認識，在委員會提議，調整智成堂硬體，並參與多項社會、公益、宗教、文化活動，以及積極參加社區改造的行列，推廣國際交流，建制廟宇新增停車場，與三芝區公所簽訂認養公園等，讓廟宇不再單純只是廟宇。

在社區營造方面，首先把廟前的圍牆拆除，減少藩籬，增建智成堂廣場、停車場。每一年辦理各項軟性藝文活動，書藝傳香書法比賽等社區營造計畫。

宗教文化交流部份，很榮幸任職主任委員時期，恭逢智成堂建廟100年，為了慶祝建廟100週年，舉辦了大型祈安法會暨民俗文化活動，活絡並凝聚社區住民情感。其中，要感謝各地的友宮、廟宇及萬里玉敕文武廟以古禮24大禮為智成堂慶祝，陣容盛大，慶典熱鬧增色不少。之後，帶領智成堂信眾，參加萬里玉敕文武廟萬人祈天護國法會。

2016 － 2018 年參與台灣宗教與社會協會主辦的第 1 － 3 屆「廟學高峰論壇」。其中，2017 年參與台灣宗教與社會協會主辦「二屆舞動關老爺論壇」，智成堂尚且為主辦方之一，再次與大眾結關帝情緣。

國際交流部分，來自美國、俄羅斯、泰國、新加坡等外國人士，共計 130 人地理訪團蒞臨智成堂。智成堂赴中國山西省運城市謁祖進香及參訪活動，順利圓滿完成。

▲論壇

任職主任委員這段時間，雖然舉辦過那麼多的活動，但似乎依然不能改變大眾對於智成堂只是祭祀拜拜的廟宇，這個觀念！

▲國際人士

▲大陸進香

直到在 2016 年，首度辦理「書藝傳香」書寫關帝佳言的書法比賽中，我突然靈光乍現。心想，既然都要辦比賽，不如把這個比賽擴大來舉辦，讓更多的人來參加，並且留下紀錄，讓更多的人對智成堂改觀。

　　於是，我想到了可以把古老傳統的書法，轉化為現代的「金氏世界紀錄」。這個想法，雖然有些跳躍。但是，如果可以成功，不僅會是智成堂堂史的大事，也會把社區營造成為擁有金氏世界紀錄的地方。除可以帶動故鄉觀光，更可以讓世界看到臺灣。在我仔細規劃，及得到智成堂委員會的認同後，便開始付諸行動。

▲ 國小組比賽第一名　　　　　　　　　　▲ 國中組比賽第一名

# 第二節 傳統書法文藝再造，挑戰金氏世界紀錄

任何傳統和創新不是相對立的兩個概念，而是相輔相成的。傳統，值得我們繼承，因為它具有豐富的文化涵養。

但在不斷快速發展的社會中，傳統文化常常會被忽略，總認為只有新穎的事物才能獲得眾人的眼光。然而，所有傳統文化的創新，是需要再被詮釋。並且，應該是由內而外的創意發展。

「千人千壽復古揮毫」這場「最大規模的書法課」挑戰紀錄，也就是想透過傳統書法文藝再造。進而詮釋出與時俱進的文化新意，以達到成功挑戰金氏世界紀錄。

挑戰「金氏世界紀錄」這件事，在心裡萌芽後，自己先思索著大概的架構。不久，便向智成堂管理委員會提案，過程十分平順的獲得絕大多數委員贊同。於是，我便著手向金氏世界紀錄公司申請報名、組織團隊、再到思考如何行銷這次的活動。

由於原有的紀錄保持人數是 1,260 人，如果要挑戰成功，勢必要動員充沛的人力、財力資源，這些都是需要一一克服，才能打破金氏世界紀錄。

我在準備邀請函時，就想到可以用兩首河洛語的「順口溜」，以趣味方式在請束上，來表達這次的活動宗旨。順口溜是這樣的：

水筆復古寫紅瓦，紅瓦頂面浮就字
揮毫愈寫愈歡喜，寫完等會無半字

千壽千人來寫壽，字字壽字福祿臨
高掛壁頂千壽牆，永久留名在智成

這兩首「順口溜」，其實就已經把這項活動宗旨，清楚表達。

但是，我更希望透過「順口溜」，達到口耳相傳的傳銷力，能更快速的把這項活動帶進社區動起來。

▲壽字瓦片

以「千人千壽復古揮毫」來做挑戰紀錄，一開始，便要思考用什麼方式來書寫。

如果用的是水筆，以復古方式寫在紅瓦片上，紅瓦片上面的「壽」就浮上來。但是，一會兒，水乾後，紅瓦片上會沒有任何字跡留下。雖然可重新再寫，但是，這麼一來就沒辦法保留紀錄，就跟我想留下紀錄的想法相違背。

左思右想，如果使用的是一般書法，所使用的墨水來書寫「壽」字，那麼不僅可以獲得保留，寫上「壽」字的紅瓦片，還可以加以利用，做為一項裝置藝術。

至於，要怎麼變成藝術品呢？那就是成功挑戰紀錄後，高掛參與眾人的紅瓦片，在智成堂廟埕，製做成為一道千壽牆，永久誌名、紀念。如此一來，三芝鄉就可以擁有一項觀光資產，「金氏世界紀錄千壽牆」。

所有的事，都有一體兩面或多面。我的初心是社區改造，讓智成堂不只是廟宇，進而更是一個世界紀錄的觀光景點，事實證明了，只要初心不變，帶給你的會是更美好的彩虹。

## 第三節 四方英雄來，八面貴人助，大事終究成

三國時代吳王的孫權曾說：「能用眾力，則無敵於天下矣；能用眾智，則無畏於聖人矣。」

這在告訴我們一件事，如果可以依靠眾人齊心協力的力量，就會天下無敵；如果能依靠眾人的智慧，就不會懼怕那些比自己聰明的對手。

在一個人才濟濟的團隊中，如果想要快速達成目標，就要以各自擅長項目為基礎，達到統一目標、相互協助、及時補位的效果。若不團結，任何力量都是弱小的。不是有句話是這麼說的，「單絲不成線，獨木不成林。二人同心，其力斷金。」

「千人千壽復古揮毫」挑戰紀錄一事，這不僅僅是智成堂想發揚中華固有傳統文化，更是弘揚關聖帝君關帝文化精神的活動，也是帶動三芝觀光的產業，更是一件關乎臺灣被世界看見的大事。

「千人千壽復古揮毫」這是一場必須集結眾人一條心的活動。

嚴格說來，人力資源，會是這次活動成敗的關鍵。所以，除了在官方網站上、廣發請柬之外，智成堂決定廣邀「廟、官、學、社」等四類團體做為賓客。

在廟宇、宗教界部分，先從自己的幹部動員；在政府部門部分，除了新北市政府鼎力支持外，還商得軍方系統、大專院校、社團、書法社、三芝區地方首長及淡水區地方首長，動員轄下的機關所屬的員工、志工熱情響應，前來共襄盛舉。

還有更多民眾，無論是透過請柬或是網路得知訊息，紛紛前來報名參與。

因為我們要挑戰金氏世界紀錄，所以必須要遵守挑戰紀錄相關的規定。因此，工作人員還要為大家解說其相關規定：

第一，我們挑戰是「最大規模的書法課」，內容為「千人千壽復古揮毫」。

因此，我們必須要有一位授課講師，我們敦聘謝瑞煌書法大師為我們的授課講師。

第二，授課的時間，含揮毫至少不得少於三十分鐘。

這三十分鐘也就是我們挑戰金氏世界紀錄的一個規定時間。請大家絕對不要離開座位，離開座位可能會被認為，您挑戰失敗及影響到其他人。

第三，書寫工具不能分享且要一致性。

所以，今天每人分發一支毛筆。所使用的毛筆，沒有大家平常所使用那麼好的材質，請大家體諒。

第四，書寫字體不限。

▲謝瑞煌講師

所寫的字體優劣好壞其次，主要是要用心來寫、專心來寫，這是相關的規定，希望大家共同來遵守。

　　如果沒有遵守規則、沒有足夠多的人參與，就無法成功挑戰「金氏世界紀錄」。而在短短三個月內，智成堂展現出極高效能的組織分工及動員力，當天超過 2,500 人來見證這項活動。

　　辦理活動的過程中，難免有些人為名為利。但我一直秉著團結和氣，爭第一的初衷。讓團隊一直處於和諧、共好的狀態，才能獲得挑戰成功的勝利。

　　這次活動中，既看到了參與民眾，具有深厚的台灣民主參與現代性格；也感受到全體工作人員團結合作爭第一的精神。整體表現出，古老《道德經》中「為而不有」、「功而不居」的傳統美德。

▲國際人士

# 第四節 英雄來自四面八方

古語有云：「謀及下者無失策，舉及眾者無頓功。」

成功的秘訣，在永不改變既定的目的。所有成功的法則，則是來自領導者的組織協調能力，才能讓來自各界菁英團結一致。

2018 年 7 月 7 日當天一早，工作人員提早來到工作崗位，做好了準備迎接即將到來的世界紀錄挑戰。參與的各個單位人員，也陸陸續續地從各地前來，整個智成堂團隊大家分工合作，很快的準備就緒，就等著一聲令下，全體參與人員齊心下筆，寫下手邊的壽字。

經過金氏世界紀錄認證官一一確認後，在智成堂廣場舉辦的「千人千壽復古揮毫」最終以 2,023 人成功挑戰金氏世界紀錄。並打破 2017 年內蒙古1,260 人共同書寫紀錄，獲得「金氏世界紀錄」肯定，並頒發證書。

▲千人千壽頒獎

這場活動能順利成功完成，最主要的還是要感謝所有來自各界人士協助與參與，智成堂委員、志工等。

感謝大家的辛勞，沒有您們，就沒有今天這樣盛大的活動。它的榮耀與意義，不僅是智成堂、三芝區，也不僅僅是新北市，它更代表台灣的光彩。讓台灣走向國際，讓我們一起為新北市、為台灣，加油！

總而言之，無論如何，在廟任職一天，即當一天和尚敲一天鐘，做好本分。力求委員會委員、廟務人員、志工和信眾大德等，都能以廟務為重。

在恩主公的庇佑下，融合相處，把智成堂行銷出去，讓更多信眾認識智成堂，樂意前來參香、前來參拜。尤其，更應以 2018 年 7 月 7 日「千人千壽復古揮毫」，以 2,023 人成功挑戰金氏世界紀錄的紅瓦，高掛成一片千壽牆，吸引更多的香客前來，成為三芝的景點之一，更祈求恩主神威顯赫，智成堂香火鼎盛。

▲千人千壽致詞

# 第五章　再次挑戰：蒐羅「珍鈔」破金氏世界紀錄

人生在世，總不會一帆風順和美妙動人。

很多時候，兜兜轉轉，又會走回到曾經放下的事務上。一時的放下，或許只是當下時間的不允許，並非就是放棄。

所以，當人重新面對選擇時，會優柔寡斷嗎？當自信動搖時，會怨天尤人嗎？當錯失機遇時，自己是否會思考，自信心還在嗎？

其實，自信心就在人的心中。

就如同，我在搜集「趣味珍鈔」這件事上，雖然曾經因為專心為智成堂、為信眾服務而放下。但是，卸任後，沉澱心情，再次重拾收藏的那顆心，就像在心中被植入的幼苗，逐漸萌芽，日漸茁壯，以致於決定再次挑戰金氏世界紀錄。

勇敢去創新，突破現狀的個性，再次帶領我邁向成功之路。

所以，積極的人，在每一次憂患中，都會看到一個機會。而消極的人，則在每個機會，都看到某種憂患。

# 第一節 完成堂務階段任務，邁向開創新思維

人的一生中，每個階段，都有其不同的階段性任務。當任務完成後，留下的就只有「是非在己，得失不論，毀譽由人」。

不管曾經帶領著團隊，創造了多少豐功偉業；卸下了職務，不在其位，不謀其職，兩袖輕風，自由自在，回歸平凡，平平淡淡也是種幸福！您覺得呢？

自從接任智成堂管理委員會主任委員職務，續任了三屆，在漫長九年過程，得失並重。

寺廟管理模式，有別於企業經營。企業的經營成敗與否，完全由企業主自行負責，所以部屬、員工都得聽命於企業主。然而，寺廟則有不同。寺廟信眾來自四面八方，其油香款的捐獻，也是來自十方善信大德。

因此，廟裡的任何人、事、物等均受到嚴厲的監督。每一個信眾，都有他自己的想法與主張。所以，要做成一個決定時，就得看領袖的智慧了。如何說服大眾，降低負面影響，是主任委員最為傷神的地方。常人說，人多嘴雜，道理就在這裏。不苛責別人，要求改變自己，讓一切事情能夠更為圓滿、更為和諧。

在主任委員任內，對於廟務的管理，或是制度的建立、修訂，是我一直努力的目標。

又以智成堂〈組織章程〉第十一條所訂：主任委員任期為三年，連選得連任。這一條文，可以引用萬年國會來形容並不為過。一位主任委員，可以無限期的連任，直到無法勝任。有意接任者，無法順利世代交替。

第六屆第三次信徒大會時，就通過修訂為主任委員任期為三年，連選得連任一次。這樣就把主任委員的任期，由原先的無限任期，改為最多二屆任期，共六年，任期屆滿就不得再續任。

豈料，2019 年第七屆管理委員會委員及監察委員任期即將屆滿，將要在 3 月 16 日第七屆第三次信徒大會，改選管理委員會委員及監察委員。

　　在改選前夕的（2018 年）3 月 31 日第七屆第二次信徒大會，又被重新提出討論，修正回歸原點。主任委員任期三年，連選得連任。之所以走向回頭路的原因，不外乎是要讓有意想要離開者……在章程條文沒有限制之下（目前擔心還沒有人，有意願接任），可以讓主任委員無任期制的繼續連任下去。這樣的修正，對大家（有意願接任者、無意願續任者）都是不公平的。但是，後續如何演變就看「天意」了！

　　至於百年的老寺廟，有祂的歲月痕跡，一些歷史、一些文物需要妥善的保存。任期內最值得驕傲的是：開堂翌年（1901 年）所著做之《節義寶鑑》，距今已有 120 週年。

　　其初版善書，至為稀少（首見二本）。我發現第一本，是在台灣大學圖書館所看見。館方只允許影印五頁，雖感無奈，但總比起沒有要好得很多。

▲ 節義寶鑑

　　直到（2018 年）107 年 6 月 9 日，楊明機媳婦許瓊心大德與其孫子楊秉儒大德，捐贈了楊明機所典藏的書籍，包含《節義寶鑑》、《救世良規》、《清心寶鏡》二本、《因果循環》，這五本善書，均為初版。

　　距今，至少 90 餘年至 120 年。它們可以說是無價之寶，無償供智成堂典藏。在此，我非常感謝兩位大德。

　　又《儒門科範》與《六合皈元》二本善書，遺憾的是，目前只能收集到第二版。至於初版身在何處，就不得而知，希望奇蹟會很快的出現。

楊明機一生扶鸞，神通著造十本善書，智成堂佔有《救世良規》、《清心寶鏡》、《儒門科範》、《覺路金繩》、《六合皈元》等五本，份量之重，不可言喻。

　　而十本善書之外的五本，為省躬堂的《茫海指南》、《因果循環》，贊天宮的《迷津寶筏》，慎修堂的《苦海慈航》，克明宮的《茫海指歸》。目前已收集到四本善書，均典藏於智成堂內。尚缺士林慎修堂所著《苦海慈航》，渴望不久將來，能夠全部補齊。

　　卸任前，完成了這些使命，也算是對得起當初選我擔任主任委員的仕紳、鄉親信眾。雖然仍有不足的部分，但因不在其位，也不便再多說些什麼。

　　2019 年卸任智成堂主任委員職務之後，雖有萬般不捨，但南來北往，自由自在，無事一身輕。曾經一度返回僑居地加拿大，沈潛了一陣子。反而，賜給予我更多的思維，擴展更多的視野，自我學習、自我成長的機會。

▲緣道觀音廟

台、加往返，成為我的日常。

回到台灣期間，聽聞友廟緣道觀音廟，也想挑戰金氏世界紀錄 - 最大鋼製雕塑稱號。由於我有籌辦「千人千壽復古揮毫」成功挑戰的經驗，受邀前往協助緣道觀音廟於同年 9 月 10 日成功挑戰金氏世界紀錄。

在協助緣道觀音廟挑戰的過程中，我開始發想，如果我把自己的收藏，也拿來挑戰金氏世界紀錄，應該也是可行的。於是，在 2019 年 10 月 21 日我嘗試以「世界珍鈔之美」，向金氏世界紀錄公司申請「最大規模的全同號紙幣收藏」認證，獲得核准。

▲世界珍鈔合約　　　　　　　　　　▲世界珍鈔紅布條

## 第二節 集珍鈔台灣第一，和世界比頂尖

滴水成河，積石成山！

任何事都從「一點一滴」做起。萬物都有它存在的道理性、原則性；只要遵守遊戲規則，堅守做人的原則；就越來越接近成功。

在收藏的這條路上，克服自己的惰性執著追求，並從中得到最大快樂的人，才是成功者。您說是嗎？

1993 年移居加拿大溫哥華，當時碰巧遇到了台灣移居加拿大的余老先生，辦了一場展覽。其內容是收藏多年的台灣銀行發行「趣味鈔券」，亦稱「全同號鈔券」。展出內容多樣，讓人嘆為觀止！參觀過後，讓我對於「趣味鈔券」有了更深入的認識，及勾起了收藏的興趣。

首先，我開始思索要從什麼時間點切入收集。因為，鈔券是國家流通貨幣，畢竟不是年年都會印製發行，研究了余老先生的收集，再加上在網路上搜尋。最後，決定開始收集中華民國中央銀行，於 1948 年委託台灣銀行發行的新台幣。

剛開始選擇了以 1948 年至 1993 年，發行的普通鈔券為收集目標。這一類的鈔券，在收集人士的眼中算是入門款。因為比較單純，容易收集。於是，我在很短的時間內，便收集齊全這些普通鈔券。

收集完成自己設定的普通鈔券後，為維繫收藏的樂趣，我又開始思索，還要再收集哪些鈔券，並且要從哪些方向著手，才能快速收集完成。尤其，流通鈔券發行的背景與時間，與郵局每年定期發行郵票不同。鈔券發行時間沒有那麼密集，往往相距都是好幾年或十年以上。

於是，我開始思考收集難度較高的「趣味鈔券」。例如，收集相同連號數字 111111、222222~999999、000000 等趣味鈔券。

世界趣味（全同號）紙鈔與台灣趣味紙鈔收藏，均以官方所發行貨幣

為準。其差異在於，台灣收藏家一般所指的趣味鈔，有 13 張，111111 至 999999，共 9 張。000001（天字第一號），1000000（百萬號），123456（上樓梯），654321（下樓梯），甚至台灣中央銀行更把特殊號碼擴大到 28 張。但是，國際認定的全同號紙鈔是 111111 至 999999，加上樣張 000000 共 10 張，差異在此。

還有更特殊的是，世界最大規模的全同號紙幣收藏，與世界最小繁體字書寫結合，成為世界舉世無雙另類的有趣組合。

▲豪芒圖

由於，每個人對數字的喜好不同，而有所不同。香港人喜好 168（一路發）的數字組合。台灣人則偏愛 888 的數字。這些鈔券市場需求大，自然收購的價格就比較高。

而我呢？我認為台灣銀行所發行的數字欄位是 6 碼。因此，最愛 6 這個數字。取其「六六大順」之意。除了大肆收集 666666 的趣味鈔券外，更

進一步在前、後英文字母做趣味的組合。而且，將收集的觸角延伸到國外。

　　然而，全同號紙鈔在收集上有一定的難度。譬如說，台灣紙鈔發行是六位阿拉伯數字，印刷一百萬張才有 9 張。加拿大紙鈔是七位數，印刷一千萬張才有 9 張，美國更難，發行是八位阿拉伯數字，印刷一億張才有 9 張，又如何在趣味紙鈔中，找尋趣味。其中，排列組合方式有：相同英文字軌相同號碼四國五張、前英文字軌的組合、後英文字軌的組合、接龍式的組合。

▲六碼紙鈔圖

▲七碼紙鈔圖

▲八碼紙鈔圖

　　例如，有一組是 MC666666，是由台灣、日本、香港、菲律賓二張等四個國家地區所發行，共五張相同英文字軌 MC，相同號碼 666666 趣味鈔券。另外，台灣銀行發行兩組不同版本，三張均為 P666666N 及 N666666E。更有台灣銀行 1972 年發行 50 元 C 版。

▲ PN 圖

▲ NE 圖

其一，前英文字母 A 至 Z（無英文 i 與 o，與數字 1 及 0 相似未發行）A666666 ？，B666666 ？至 Y666666 ？，Z666666 ？組合。

其二，後英文字母 A 至 Z ？ 666666A，？ 666666B 至 ？ 666666Y，？ 666666Z 組合共有 48 張。只有欠缺 3 張全同號六，否則全部都是 666666，這類收集難度甚高。

▲前英文字軌 ABC•••XYZ 圖

▲後英文字軌 ABC•••XYZ 圖

　　其三，前英文字母與後面英文字母的接龍（同版式）、例如：M6K 係代表 M666666K，下一張 K666666L，再下一張 L666666S 以此類推，M6K → K6L → L6S → S6U → U6U → U6K → K6J → J6A → A6R → R6H → H6Z → Z6D → D6J → J6X → X6G → G6R → R6Y → Y6K → K6S → S6V → V6P → P6N → N6E → E6G → G6C → C6N → N6C → C6X → X6T → T6P → P6J → J6F → F6Z（共計 33 張全六同號接龍），舉凡各式各樣的趣味鈔券，均從各方收藏家中收購而來。

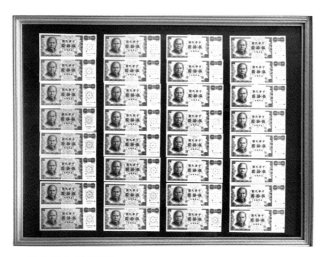

▲英文字軌接龍圖

　或許你會質疑，我為何要花大量的時間及金錢，來收集這些難以獲得的鈔券。其實，收集這些鈔券的過程，不只是一種興趣，也是修煉自己的信念與耐心。不管是覺得自己做得到或做不到，其實只在一念之間。

　最困難的時候，也就是離成功不遠的時候。所以，在收藏的道路上，只有想不通的人，沒有走不通的路。任何可能獲得的方法，機不可失，時不再來，唯有行動才能改變一切。

# 第三節 不止十年功，想得第一，火力全開，全面搜羅

不求與人相比，但求超越自己。要哭就哭出激動的淚水，要笑就笑出成長的性格！生命不是要超越別人，而是要超越自己。

世界上最快樂的事，莫過於為理想而奮鬥。哲學家告訴我們，「為善至樂」的樂，乃是從道德中產生出來的。為理想而奮鬥的人，必能獲得這種快樂。因為，理想的本質就含有道德的價值。

在向榮譽攀登的一切美德中，做事敏捷是至高無上的。你既然期望輝煌偉大的一生，那麼就應該從今天起，以毫不動搖的決心和堅定不移的信念，憑自己的智慧和毅力，去創造自己和他人的快樂。

從移居加拿大就開始收集鈔券，截至目前 20 餘年的時間，除了因為擔任智成堂主任委員，工作的關係停滯九年的時間，其它時間並沒有漏掉太多，所以影響有限。而欲持續收集「趣味鈔券」，必須具備興趣、時間、機運和金錢這四要點。

每個人都有自己的興趣，興趣因人而異。有些人專門收集古董、字畫、集郵等不同的主題，而我選擇了各國政府所發行的貨幣趣味鈔券。至於在收集所花的時間，以台灣中央銀行所發行之流通貨幣至今已有 15 年未更新版本。所以，時間目前是不可預測的。

然而，在收集的過程中，真的是要靠一點點的機運。比如，台灣 1987年前，是中央銀行委託台灣銀行發行「趣味鈔券」，均分佈於全省各地銀行。而每次發行英文字軌，與上次發行英文字軌未必會相同。即使偶爾相同，但是會落在那一家銀行又會被何人所收藏，均不得而知。

因此，要收集不同時期，不同地點，而卻又是英文字軌相同號碼相同（俗稱同軌同號）是非常不容易的一件事，而這就是所謂的機運。

這些同軌同號的趣味鈔券，如果又剛好碰上在市場拍賣，而被其它有緣人看到，那麼又要透過高價來收購。當然收集任何東西，都需要資金。趣味鈔券的收集，也不例外。常常代價都是高出數倍，才能購得，所以要有少許的閒置資金。

目前，台灣趣味鈔券，均由中央銀行直接抽出委託台灣銀行網路公開拍賣。最近一次公開拍賣的日期是 2021 年 10 月 1 日。

我說了這些，並不是在炫耀財富。主要是想跟年輕人分享一件事：任何興趣，要做到極致，除了財富外，也要付出相對的耐心。如果遇到了挫折就放棄，那麼即使有財富也不會成功。更何況趣味紙鈔，全同號的收集，有它一定的難度。

其實，我在收集過程中，也遇到很多困難。例如，為了美鈔 20 元的「66666666」全同號紙鈔。當時，這張鈔票的賣家，始終都不願意割愛。幾經交涉，最後以高額代價購得，這也是我在收集路上花最高單價的鈔票。

還有一張來自以色列的鈔券。我是透過網路得知，多次與賣家線上溝通，過程相談甚歡。賣家得知我在收集同軌同號的鈔券，之後也曾多次幫助我找到了不少的賣家。就這樣不斷的在網路上，透過拍賣、賣家轉介紹給我，還有透過國外拍賣來收集。這一點一滴的耐心積累，最後都化做成功挑戰金氏世界紀錄歡樂的種子。最終讓我不僅挑戰成功，也創下了世界紀錄，成為金氏世界紀錄「個人」紀錄保持者。

# 第四節 既多且奇，全球珍鈔之美，誰與爭鋒

路是腳走出來的，歷史是人寫出來的！

我們的每一步行動，都在書寫自己的歷史。所以，要從容地著手去做我們想要做的事情。但是，一旦開始，就要堅持到底。畢竟，人世間本來就多磨難，百礪心劫方能圓滿，天命之路，誰能擋我來！傲視群雄，誰與爭鋒？！

經過了幾個月，在網路、各國拍賣場，鈔券收藏家分享，或是高價收購，有了這些來自全球超過 100 多個國家的全同號鈔票，我便向金氏世界紀錄公司提出認證。

但是，好事多磨，不幸遇到了 2020 年新型冠狀病毒 COVID-19 全球肆虐。於是「最大規模的全同號紙幣收藏」的認證活動，原本擇定於當年 3 月 21 日假新北市三重區集美街 60 號社教館一樓舉行，卻因受新型冠狀病毒 COVID-19 影響，延期至同年 9 月 12 日。直到現在，看似國境尚無法鬆綁，境外人士無法入境。

所以，金氏世界紀錄公司改採變通方式。證據先行送書面審核，再來做現場視頻的直播認證。而我們這次，經過金氏世界紀錄公司再度變通，可以說好事多磨，一變再變，只要視頻錄影即可。所以，才會改在淡水台灣道教總會，舉辦這次的活動。

而熱愛蒐集全同號鈔票的我，最後以 2918 張來自全球超過 100 多個國家的全同號鈔票，創下「世界最大規模全同號紙幣收藏」項目的第一個金氏世界紀錄。

有別於以往，絕大多數的挑戰者，均以「官方挑戰」稱號。這次的認證，則以「紀錄保持者」稱號。原因無它，因為這次的認證，是金氏世界紀錄公司成立 66 年以來，首次接受挑戰的項目。由此可知，這是多麼的難能可貴，成為「世界第一中的第一」。

本次創造金氏世界紀錄的主要過程。首先，當然是提出申請，是否符合挑戰的項目。如果符合，接下來當事人收集挑戰項目的心得介紹、挑戰項目的專業人士（見證官二位）提供證件、繳費、安排挑戰日期、金氏世界紀錄公司安排認證官、接機、食宿安排等。

　　我特別感謝新北市政府市政顧問暨新北市道教會理事長謝榮壽、台北市集幣協會理事長王皇文、寶藏郵幣社董事長張景竣，及所有參與的收藏界好朋友等，向其致上十二萬分的謝意。能成功創造金氏世界紀錄，大家功不可沒，願我們共同分享這份榮耀。

　　總而言之，能夠第二次成功挑戰金氏世界紀錄（前次 2018/07/07 本人以智成堂主任委員身分辦理千人千壽復古揮毫，最大規模的書法課，成功挑戰金氏世界紀錄），是我有生之年最高的榮譽，感謝金氏世界紀錄公司提供這個平台，讓一些奇特的人、事、物等能有所揭露，公平競逐。

　　榮獲認證之後，我也接受了各大媒體的採訪報導及電視綜藝天王主持人吳宗憲「小明星大跟班」節目的採訪，除了介紹收藏品之外，更讓自己的收藏品能再次躍上銀光幕舞台，分享大家。

▲世界珍鈔發表會

▼世界珍鈔發表會

# 第六章 勇闖天涯・海外回歸・服務故里

　　人的生命，似洪水在奔流。不遇島嶼、暗礁，難以激起美麗的浪花。

　　偉人之所以偉大，是因為他與別人共處逆境時，別人失去了信心，他卻下決心實現自己的目標。而只有具有強大勇氣，敢勇於奮鬥，心中不怕困難的人，唯有能歷經千辛萬苦的意志，誰就能達到任何目的。而人只能活一次，只有果敢的勇氣和毅力，才會使我們成功。而毅力的來源又在於毫不動搖，有句話：「寶劍鋒從磨礪出，梅花香自苦寒來。」只要堅決努力，採取為達到成功所需要的手段，戰勝困難，走出困境，就會成功。

# 第一節 勇氣突破安逸，挑戰未知

命運就像自己的掌紋，雖然彎彎曲曲，卻永遠掌握在自己手中。

我們永遠不知道下一步，迎接什麼事情，但可以掌控自己。邱吉爾曾說：「勇氣是人類最重要的一種特質」。倘若有了勇氣，人類其他的特質自然也就具備了。所以，只要讓自己具備勇氣，秉持突破安逸的心態，對於挑戰未知的未來便可迎刃而解。

從年少時期，初次離家進入車床業工作，生活雖然穩定，但時常會自省自我的不足，安於現狀，從來都不是我所追求的。所以，才會在每一次遇到挫折時，都會提起勇氣，突破自我的底線，找到機會便會挑戰未知的未來。

因為，我知道，軟弱就是自己最大的敵人；勇敢才是自己最好的朋友。

在這一段過程中，雖然遭遇到一些挫折，但我了解一個道理，快不快樂在於自己，不在事物本身，不在於別人。堅持是支撐勇氣的動力，正如輪子對於槓桿，那是支點的永恆更新，我也才能跨出自己創造的舒適圈，為自己努力奮鬥一次，更為了往後製造更多好的機會。

之後的求學、入伍當兵緊接著結婚生子、創業等，每一項都在考驗著我，不要太過於計較，避免「患得患失」。

第一次創業的失敗，並沒有帶給我太沈重的打擊。因為，我從失敗的過程中，讓我明白了，無論什麼時候，不管遇到什麼情況，我絕不允許自己有一點點灰心喪氣。畢竟，人的一生布滿了荊棘，我要想的惟一辦法，就是從那些荊棘上迅速跨過。

不服輸、堅持改變，才是我的積極人生觀。雖然，每一種挫折或不利的突變，都是帶著讓我們成長的有利種子。只有不斷的提起勇氣，脫離安逸生活，才能勇往直前邁向成功之路。

誤交損友這件事，不僅讓自己所擁有的一切歸零，也讓我陷入了前所未有的困境。或許，每一次的挫敗，都能讓自己再度茁壯起來。回首想想，其實都是學習做人處事的態度，任何事情發生，都是處於理解與被理解之中。不管是在工作、生活中，如果都能做到相互理解、支持、幫助，還會有什麼問題不能克服、解決嗎？

　　更讓我相信，只有勇敢的人才懂得如何寬容。所以，即使朋友躲藏起來，我仍選擇原諒。80 年代我曾一時迷失了方向，沉迷於簽明牌，但也因為可以很輕易的中獎獲得錢財，相對的錢財就怎麼得來就怎麼去，讓我了解凡事不可不勞而獲。進而對世上最重要的事，不在於我們在何處，而在於我們朝著什麼方向走，才能即早從中領悟到人生的真理。

▲ 參加吳宗憲主持「小明星大跟班」節目所拍照

## 第二節 開闊的心胸和視野：看事情的價值，不只著目眼前小利

古云：「海納百川，有容乃大；壁立千仞，無欲則剛。」

每個人都有與生俱來的天賦和本能，這是需要時間去發現。看事情的價值，凡事不要只見眼前小利，等待的過程，或是執行結束後，必會看到細雨陽光後的美麗彩虹。

為了孩子移居海外，夫妻倆個人，時常台、加兩地相隔。過程看似艱苦，但為了孩子們能獲得比別人多一點的選擇權，我一直甘之如飴。

我們一生都在選擇，選擇離家打拼為了改善家中生活、選擇創業、選擇返鄉、選擇當恩主公的子民等。天道酬勤，也許付出不一定得到回報；但不付出，一定得不到回報。

周遭的移民圈子開放的生活型態，真是開了我的眼界。對於看待事情的價值，也會有所改變。為人處事、說話都不能過頭，要體諒別人的感受。凡事有個「度」，物極必反，以和氣為貴。

多年後，滿腔熱血回歸故里，積極服務人群，推動社區營造，立基在想讓廟堂更好。雖然，處處捉襟見肘，但依然能做好應該做的事物。曾帶領智成堂團隊，完成金氏世界紀錄後，也「功成不居」的離開了這個團隊。

我只想說，聰明難；糊塗難；聰明變糊塗更難。很多事，不該為了一己之私來做服務。一些人為了私人利益，忘了公眾該有的大義。凡事都要一個尺度，所以我只有做到，不該問的事不問；不該說的話不說；不該做的事不做；明確自己的位置之後，卻有更多收穫。

在漫長崎嶇的人生旅途中，要想實現自己的理想和事業，就必須走好自己人生的每一步，就必須領悟到成功者的經驗和智慧。幸福和快樂存在於自己抗爭困難的過程中，決不是對困難的妥協；放棄自己就等於放棄一切。

在這個世界上，想有所成就的話，我們需要的是豁達大度，心胸開闊。而我一向主張做人要寬宏大量，通情達理，經營自己的長處，能使人生增值；擴張自己的短處，能使人生貶值。

# 第三節 我站在世界巨人的肩膀上：和巨人一起做一流事業

人生像攀登一座山，登上高峰，也是一種學習的過程學習穩定、冷靜，學習如何從慌亂中找到生機。

而人活在世上難免會受到蔑視、冤枉、委屈；大可不必去理會，也不必去反抗，用事實與時間可證明自己的能耐。

對未來真正的慷慨，就是把一切都獻給現在。不管多麼險峻的高山，總會為不畏艱難的人，留下一條攀登的路。高峰只對攀登它而不是仰望它的人，才有真正的意義。一切幸福並非都沒有煩惱，而一切逆境也絕非沒有希望。

挑戰金氏世界紀錄，很多人可能覺得，那是遙不可及的事情。但態度決定一個人的高度，高度決定了你的視野。角度改變觀念，尺度把握人生。我秉持這一些想法，獲得兩次的成功挑戰，這就是想傳達一個道理，只有把自己拉高站在不同的高度，才能從不同的角度做思考，有更新的觀念改變人生。而靠頑強的毅力、體力，才可以征服世界上任何一座高峰。

而「人生偉業的健行，不在能知，而在能行」，只有不斷找尋機會的人，才會及時把握機會。

能領悟成功者的經驗和智慧，就是自己生活中最大的快樂，是自己人生旅途中不可缺少的財富。所謂的財富不是金錢，而是人生的感悟、經歷、知識、技能及人際網絡。知識給人重量，成就給人光彩，大多數人只是看到了光彩，而不去稱重量，我則兩者並重。

我要站在世界巨人的肩膀上，做著有深度、廣度、寬度及高度的事物。人生是個圓，有的人走了一輩子也沒有走出命運畫出的圓圈，就是不知道，圓上的每一個點都有一條騰飛的切線。

# 第四節 立定目標，不要怕困難，曲直向前

謀事在人；成事在天！

事在人為；不去做，怎麼知道行還是不行。成功的奧秘，在於堅定的目標。希望是生命的陽光，行動是希望的翅膀。立定目標，不要怕困難，曲直向前行動。

不管是在智成堂任職主任委員時期，立定改革廟務為首要目標，進而推動社區營造計畫。雖然，最後卸任前仍有某些不可抗拒的因素，導致仍有部分未能達成，但其過程還是美好。

從帶領智成堂團隊三個月內，成功挑戰金氏世界紀錄；再受邀協助緣道觀音廟成功挑戰金氏世界紀錄；最後收集趣味全同號珍鈔為自己再獲得金氏世界紀錄，成為全台灣首位獲得兩面金氏世界紀錄獎牌的得獎人，這都是因為我一開始便設定好目標。我知道要達成很難，但不去嘗試又怎麼會知道成與不成呢？

▲世界珍鈔　　　　　　　　　▲獎牌

事實證明了，只要努力、果敢、勇往直前，就會完成目標設定。雖然，我已經成功創下了「最大規模的全同號紙幣收藏」認證。但我會畢生持續收集下去，因為，這是我最大的興趣。

　　或許有人會好奇，為何要如此耗費大量金錢、時間去收集。但我要說，夢想是一個人奮鬥的動力，夢想是一個人動力的源泉。你想要得到什麼，就必須為它付出什麼。不可以說只想要得到，而不去認真思索，不為它付出。否則，就淪為妄想、空想、幻想。

　　立好目標，不管從什麼時候開始，重要的是開始以後不要停止。不管在什麼時候結束，重要的是在結束後，不要後悔、留戀。

　　向著某一天終於要達到那個終極目標，邁步還不夠，還要把每一步驟，看成短期目標，為下一步做準備。自己既定的目標，必須能耐得住寂寞、沉思與自己的苦幹實幹。其實，一個人的成功不取決於他的智慧，而是毅力。

　　回首過往，繼往開來。

　　生命太過短暫，今天放棄了，明天不一定能得到。然而，人生崎嶇的道路上，就如同一場運動賽事一樣，人與時間賽跑。人與人相互間的競爭，最後到達終點的這條道路上，犯錯誤的多與寡，決定了勝負。犯錯越少，成功的機率自然越高。但望凡事還是必須勇敢大步向前邁進，就可微笑看待人生，期待未來迎接挑戰第三次世界紀錄的到來。

▲千入千壽致詞

最大規模全同號紙幣收藏
金氏世界紀錄參與者

金氏世界紀錄－最大規模全同號
紙幣收藏紀錄保持人：

楊順復 YANG SHUN FU

日本 DQ666666V

日本 WH666666C

日本 XS666666V

加拿大 GF333333

加拿大 MG333333

加拿大 EYL111111

美國 AH66666666B

美國 EE66666666C

美國 CL66666666B

金氏世界紀錄－最大規模全同號
紙幣收藏參與者：

楊舒婷 YANG SHU TING

| | | |
|---|---|---|
|  中華民國 Y666666Q | 中華民國 Z666666C | 中華民國 P666666J |
|  中華民國 QY666666HL | 中華民國 NX666666CR | 中華民國 CS666666WD |
|  香港 GH666666 | 香港 NH666666 | 香港 PC666666 |

金氏世界紀錄－最大規模全同號
紙幣收藏參與者：

張明哲 CHANG MING CHE

美國 8888

中華民國 D888888D

蘇聯 A8888

中國 DX88888888

日本 SS888888B

新加坡 A/11 888888

馬來西亞 EE8888888

菲律賓 BB888888

土耳其 D88888888

金氏世界紀錄－最大規模全同號
紙幣收藏參與者：

王皇文 WANG HUANG WEN

| | | |
|---|---|---|
| （上方為 四省農民銀行 樣本 紙幣） | |  |
| 中華民國 A000000 | 中華民國 CC000000 | 中華民國 000000 |
|  |  |  |
| 中華民國 AA000000 | 中華民國 A/A000000 | 中華民國 AA000000 |
|  |  |  |
| 中華民國 AA000000 | 中華民國 00000 | 中華民國 00000 |

# 金氏世界紀錄－最大規模全同號
## 紙幣收藏參與者：

洪哲勛 HUNG CHE HSUN

| | | |
|---|---|---|
| <br>中華民國 K666666X | <br>中華民國 F666666B | 中華民國 E666666T |
| 中華民國 D666666T | <br>中華民國 R666666Q | <br>中華民國 C666666Q |
| <br>中華民國 H666666M | <br>中華民國 V666666W | <br>中華民國 C666666J |

金氏世界紀錄－最大規模全同號
紙幣收藏參與者：

洪嘉亨 HUNG CHIA HENG

| | | |
|---|---|---|
| 中華民國 E999999W | 中華民國 G999999L | 中華民國 D999999A |
| 中華民國 E999999X | 中華民國 A999999C | 中華民國 CS999999WD |
| 中華民國 GR999999UJ | 中華民國 AL999999ZF | 中華民國 AL999999YH |

金氏世界紀錄－最大規模全同號
紙幣收藏參與者：

張家麟 JOHNNY CHANG

中華民國 AT111111YB

中華民國 AT222222YB

中華民國 AT333333YB

中華民國 AT444444YB

中華民國 AT555555YB

中華民國 AT666666YB

中華民國 AT777777YB

中華民國 AT888888YB

中華民國 AT999999YB

金氏世界紀錄－最大規模全同號
紙幣收藏參與者：

龔秋鳴 KENG CHIU MING

中華民國 BS666666WC

中華民國 CP666666HX

中華民國 DR666666JU

中華民國 CT666666FV

中華民國 CS666666HV

中華民國 DP666666EU

中華民國 AP666666EV

中華民國 BQ666666AY

中華民國 BS666666CW

金氏世界紀錄－最大規模全同號
紙幣收藏參與者：

## 謝瑞煌 XIE RUI HUANG

中華民國 AS666666CU

中華民國 AS666666JW

中華民國 BQ666666DW

中華民國 BK666666HX

中華民國 CL666666JW

中華民國 CM666666AX

中華民國 DQ666666UA

中華民國 ES666666XD

中華民國 FQ666666YD

金氏世界紀錄－最大規模全同號
紙幣收藏參與者：

楊秀蘭 YANG HSIU LAN

| | | |
|---|---|---|
|  |  |  |
| 中華民國 AQ666666YJ | 中華民國 BL666666UF | 中華民國 CK666666XF |
|  |  |  |
| 中華民國 DT666666VF | 中華民國 EK666666UF | 中華民國 FN666666VG |
|  |  |  |
| 中華民國 GT666666VH | 中華民國 HN666666YE | 中華民國 JK666666YB |

金氏世界紀錄－最大規模全同號
紙幣收藏參與者：

楊竣偉 YANG CHUN WEI

中華民國 A666666R

中華民國 B666666R

中華民國 C666666X

中華民國 D666666Q

中華民國 E666666G

中華民國 F666666Z

中華民國 G666666F

中華民國 H666666Z

中華民國 J666666X

金氏世界紀錄－最大規模全同號
紙幣收藏參與者：

鄭國賢 CHENG KUO HSINE

| | | |
|---|---|---|
| <br>中華民國 A 版 Z666666J | <br>中華民國 B 版 J666666C | <br>中華民國 C 版 R666666D |
| <br>中華民國 D 版 N666666E | <br>中華民國 D 版 N666666E | <br>中華民國 E 版 L666666G |
| <br>中華民國 F 版 F666666R | <br>中華民國 F 版 R666666E | <br>中華民國 G 版 V666666W |

金氏世界紀錄－最大規模全同號
紙幣收藏參與者：

謝榮壽 XIE RONG SHOU

| | | |
|---|---|---|
| 中華民國 AS666666XJ | 中華民國 BP666666YD | 中華民國 CM666666XA |
| 中華民國 DK666666WH | 中華民國 EQ666666VG | 中華民國 FL666666WA |
| 中華民國 JT666666WC | 中華民國 KU666666CR | 中華民國 MX666666CP |

金氏世界紀錄－最大規模全同號
紙幣收藏參與者：

藍媛春 LAN YUAN CHUN

印尼 KOA999999

印尼 KOB999999

印尼 KOC999999

印尼 KOD999999

印尼 KOE999999

印尼 KOF999999

印尼 KOG999999

印尼 KOH999999

印尼 KOJ999999

金氏世界紀錄－最大規模全同號
紙幣收藏參與者：

楊玉蓮 YULIEN YOUNG

中華民國 AA000000

中華民國 A000000A

中國 000000

中華民國 LQ333333

中華民國 KF666666

中華民國 EW666666

中國 E5E666666

香港 BW666666

香港 AM666666

金氏世界紀錄－最大規模全同號
紙幣收藏參與者：

楊勝雄 YANG SHENG HSIUNG

中華民國 FR111111XE

中華民國 CN222222WH

中華民國 BN333333ZG

中華民國 FK444444YE

中華民國 CN555555WH

中華民國 GR666666UH

中華民國 FL777777UJ

中華民國 GR888888UH

中華民國 GW999999WC

金氏世界紀錄－最大規模全同號
紙幣收藏參與者：

## 蔡佩燊 YOLIO CAI

澳門 DT66666

香港 NU666666

香港 CG666666

越南 AA000000

中國 A00000000

安格拉 XX000000

香港 CW666666

菲律賓 CE888888

美國 JA66666666A

金氏世界紀錄－最大規模全同號
紙幣收藏參與者：

張景竣 CHANG CHING CHUN

| | | |
|---|---|---|
|  中華民國 J555555J |  中華民國 R777777B |  中華民國 A777777N |
|  中華民國 Q777777A |  中華民國 C777777Z |  中華民國 N777777D |
|  中華民國 A777777B |  中華民國 S777777T |  中華民國 U777777L |

金氏世界紀錄－最大規模全同號
紙幣收藏參與者：

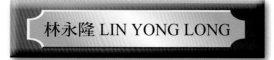
林永隆 LIN YONG LONG

中華民國 A333333J

中華民國 K333333R

中華民國 D333333F

中華民國 F333333H

中華民國 C333333Y

中華民國 B333333D

中華民國 K333333Q

中華民國 Y333333H

中華民國 AK333333YD

金氏世界紀錄－最大規模全同號
紙幣收藏參與者：

林鉅能 LIN CHU NENG

日本 AY888888D

日本 FY888888G

日本 SY888888C

日本 FD888888M

日本 FG888888K

日本 DZ333333L

日本 SP888888G

日本 JX888888E

日本 NX888888C

金氏世界紀錄－最大規模全同號
紙幣收藏參與者：

卜昭偉 PU CHAO WEI

中華民國 CM999999YG

中華民國 D999999F

中華民國 Q999999C

中華民國 G999999N

中華民國 A999999X

中華民國 AS999999BU

中華民國 BP999999VJ

中華民國 BS888888CX

中華民國 BS888888CX

郭宗霖 KUO TSUNG LIN

| | | |
|---|---|---|
|  |  |  |
| 中華民國 L666666K | 中華民國 K888888T | 中華民國 N888888D |
|  |  |  |
| 中華民國 A888888L | 中華民國 G888888B | 中華民國 P888888X |
|  |  |  |
| 中華民國 FL888888ZG | 中華民國 Y888888P | 中華民國 A888888U |

金氏世界紀錄－最大規模全同號
紙幣收藏參與者：

何憲棋 HO HSIEN CHI

中華民國 000000

中華民國 000000

中華民國 00000

中華民國 00000

中華民國 00000

中華民國 00000

中華民國 000000

中華民國 000000

中華民國 00000

金氏世界紀錄－最大規模全同號
紙幣收藏參與者：

曾彥儒 YEN JU TSENG

| | | |
|---|---|---|
|  |  |  |
| 中華民國 QV333333CT | 中華民國 QV666666CT | 中華民國 QV999999CT |
|  |  |  |
| 菲律賓 GJ333333 | 菲律賓 GV666666 | 菲律賓 MK333333 |
|  |  |  |
| 菲律賓 CG666666 | 菲律賓 UM333333 | 菲律賓 UR666666 |

金氏世界紀錄－最大規模全同號
紙幣收藏參與者：

中華民國 AA999999

中華民國 A999999A

中華民國 LB333333

中華民國 A999999A

中華民國 EL444444UJ

中華民國 AZ222222

中華民國 U555555T

中華民國 N555555W

中華民國 J555555U

# 金氏世界紀錄－最大規模全同號
# 紙幣收藏參與者：

## 王俊凱 CHUN KAI WANG

| | | |
|---|---|---|
| <br>波蘭 AL3333333 | 賽席爾 AE333333 | 印度 88L888888 |
| <br>羅德西亞 91L555555 | <br>哥斯大黎加 22222 | <br>曼島 J555555 |
| <br>南斯拉夫 AA3333333 | <br>阿根廷 77.777.777A | <br>尼泊爾 22-222222 |

洪裕政 HUNG YU CHENG

中華民國 K111111X

中華民國 H111111U

中華民國 FK111111

中華民國 111111

中華民國 N111111U

中華民國 N111111D

中華民國 S111111E

中華民國 W111111Z

中華民國 U111111C

金氏世界紀錄－最大規模全同號
紙幣收藏參與者：

洪苡瑄 HONG YI XUAN

| | | |
|---|---|---|
| <br>中華民國 PB111111 | <br>中華民國 A111111P | <br>中華民國 L111111S |
| <br>中華民國 T111111P | <br>中華民國 W111111A | <br>中華民國 X111111U |
| <br>中華民國 U111111J | <br>中華民國 Y111111E | <br>中華民國 Q111111M |

金氏世界紀錄－最大規模全同號
紙幣收藏參與者：

吳瀚儒 WU HAN JU

中華民國 G666666L

中華民國 A000000A

中華民國 AA888888KZ

中華民國 GR888888YH

中國 JA33333333

香港 BC222222

美國 AB88888888N

土耳其 C88888888

根西島 B888888

金氏世界紀錄－最大規模全同號
紙幣收藏參與者：

張文祥 CHANG WEN HSIANG

中國 S25B111111

中國 D20X222222

中國 J08H333333

中國 Q93E444444

中國 S93P555555

中國 H89P666666

中國 B09S777777

中國 D71F888888

中國 D61U999999

金氏世界紀錄－最大規模全同號
紙幣收藏參與者：

何欣祐 HO HSIN YO

中國 0000000

中國 00000000

中國 00000000

中國 0000000

中國 0000000

中國 00000000

中國 0000000

中國 0000000

中國 00000000

金氏世界紀錄－最大規模全同號
紙幣收藏參與者：

何欣育 HO HSIN YU

| | | |
|---|---|---|
|  |  |  |
| 中華民國 000000 | 中華民國 000000 | 中華民國 000000 |
|  |  |  |
| 中華民國 000000 | 中華民國 000000 | 中華民國 00000 |
|  |  |  |
| 中華民國 000000 | 中國 ZA000000 | 中國 ZA000000 |

金氏世界紀錄－最大規模全同號
紙幣收藏參與者：

葉秉昌 YEH PING CHANG

| | | |
|---|---|---|
|  |  |  |
| | | 中國 CR666666 |
| 中華民國 P111111G | 中華民國 N333333U | |
|  |  |  |
| 日本 QA888888U | 中華民國 S555555T | 中華民國 A111111A |
|  |  |  |
| 中華民國 AN999999ZA | 中華民國 AN999999ZA | 中華民國 AN444444XA |

金氏世界紀錄－最大規模全同號
紙幣收藏參與者：

葉禹良 YEH YU LIANG

| | | |
|---|---|---|
|  |  |  |
| 中華民國 AK111111YH | 中華民國 AK111111YH | 中華民國 AK111111YH |
|  |  |  |
| 中華民國 AL666666XF | 中華民國 AL666666XF | 中華民國 AL666666XF |
|  |  |  |
| 中華民國 L555555Q | 中華民國 J555555U | 中華民國 U555555L |

# 金氏世界紀錄－最大規模全同號
# 紙幣收藏參與者：

## 王雲紅 WANG YUN HONG

| | | |
|---|---|---|
|  |  |  |
| 日本 LC777777P | 新加坡 HM777777 | 巴基斯坦 KBM7777777 |
|  |  |  |
| 尼泊爾 777777 | 尼泊爾 111111 | 印度 90L777777 |
|  |  |  |
| 印度 66C777777 | 印度 JQU777777 | 印度 JHS777777 |

金氏世界紀錄－最大規模全同號
紙幣收藏參與者：

張恩睿 CHANG EN JUI

中華民國 JQ777777ZA

中華民國 AB888888

中華民國 LF333333

中華民國 B888888A

中華民國 E777777U

中華民國 CM555555UH

中華民國 EQ777777UC

中華民國 AL777777ZE

中華民國 33333322C

# 金氏世界紀錄－最大規模全同號
# 紙幣收藏參與者：

郭承啓 CHEN CHI KUO

中華民國 00000

中華民國 000000

中華民國 000000

中華民國 00000

中華民國 000000

中華民國 R333333B

中華民國 AA000000

中華民國 00000

香港 AA000000

金氏世界紀錄－最大規模全同號
紙幣收藏參與者：

洪浚瑋 HONG JUN WEI

中華民國 B111111S

中華民國 NV111111DK

中華民國 A111111L

中華民國 JM111111XE

中華民國 AS111111YD

中華民國 SV111111GM

中華民國 GR111111YJ

中華民國 AK111111XF

中華民國 AK111111ZJ

金氏世界紀錄－最大規模全同號
紙幣收藏參與者：

鄭金城 ABO CHENG

赤道幾內亞共和國 000000

剛果共和國 G0000000A

蘇丹 000000

斯洛維尼亞共和國 RB000000

庫克群島 AAA000000

維德角 000000

美屬維京群島 AA0000000

坦尚尼亞聯合共和國
A000000

馬拉威 AA000000

金氏世界紀錄－最大規模全同號
紙幣收藏參與者：

葉禹利 YEH YU LI

| | | |
|---|---|---|
|  |  |  |
| 中華民國 B111111E | 中華民國 A222222L | 中華民國 A333333V |
|  |  |  |
| 中華民國 A333333Y | 中華民國 A444444V | 中華民國 A666666Y |
|  |  |  |
| 中華民國 A777777L | 中華民國 B888888G | 中華民國 A999999L |

# 世界各國紙鈔展示

# 世界紙鈔目錄

150 芬蘭共和國 / 英國 / 愛爾蘭

151 法蘭西共和國 / 摩納哥 / 荷蘭

152 比利時 / 盧森堡大公國 / 德國

153 瑞士 / 列支敦斯登侯國 / 波蘭

154 捷克 / 斯洛伐克 / 奧地利

155 匈牙利 / 愛沙尼亞 / 拉脫維亞

156 立陶宛 / 白俄羅斯 / 烏克蘭

157 摩爾多瓦 / 葡萄牙 / 西班牙

158 安道爾 / 義大利 / 聖馬利諾

159 馬爾他 / 斯洛維尼亞 / 克羅埃西亞

160 波士尼亞 / 塞爾維亞 / 阿爾巴尼亞

161 北馬其頓 / 保加利亞 / 希臘

162 羅馬尼亞 / 蒙特內哥羅 / 埃及

163 利比亞 / 阿爾及利亞 / 摩洛哥

164 蘇丹共和國 / 南蘇丹 / 尼日共和國

165 布吉納法索 / 馬利 / 茅利塔尼亞

166 奈及利亞 / 貝南共和國 / 迦納

167 象牙海岸 / 幾內亞 / 幾內亞比索

168 巴布亞新幾內亞 / 赤道幾內亞 / 獅子山

169 甘比亞 / 尚比亞 / 維得角共和國

170 查德 / 中非共和國 / 喀麥隆

171 剛果共和國 / 剛果民主共和國 / 加彭

172 賴比瑞亞 / 聖多美普林西比 / 吉布地

173 索馬利亞 / 厄利垂亞 / 衣索匹亞

174 浦隆地共和國 / 塞席爾共和國 / 肯亞

175 坦尚尼亞 / 烏干達 / 盧安達

176 安格拉 / 馬拉威 / 莫三比克

177 納米比亞 / 波札那共和國 / 辛巴威

178 南非 / 史瓦帝尼 / 賴索托王國

179 馬達加斯加 / 模里西斯 / 葛摩聯盟

180 澳洲聯邦 / 紐西蘭 / 帛琉共和國

181 馬紹爾 / 諾魯 / 所羅門群島

182 多哥 / 密克羅尼西亞 / 萬那杜

183 斐濟 / 吐瓦魯 / 薩摩亞獨立國

184 東加 / 加拿大 / 美利堅合眾國

185 墨西哥 / 瓜地馬拉 / 貝里斯

186 薩爾瓦多 / 宏都拉斯 / 尼加拉瓜

187 哥斯達黎加 / 巴拿馬 / 巴哈馬

188 古巴 / 牙買加 / 海地共和國

189 多明尼加 / 聖克里斯多福 / 安地卡島

190 哥倫比亞 / 委內瑞拉 / 蓋亞那

191 蘇利蘭 / 厄瓜多 / 秘魯共和國

192 玻利維亞多民族 / 巴西 / 智利

193 阿根廷 / 烏拉圭 / 巴拉圭共和國

194 多米尼克 / 突尼西亞 / 聖露西亞

195 巴貝多 / 聖文森 / 格瑞那達

196 千里達 / 吉里巴斯 / 塞內加爾

197 梵蒂岡 / 紐埃 / 庫克群島

198 法羅群島 / 速亞群島 / 馬德拉群島

199 瓜地洛普 / 加納利群島 / 留尼旺

200 聖赫勒拿 / 關島 / 新喀里多尼亞

201 法屬玻里尼西亞 / 皮特肯 / 瓦利斯

202 美屬薩摩亞 / 北馬利安納 / 托克勞

203 格陵蘭 / 波多黎各 / 英屬維京群島

204 美屬維京群島 / 安圭拉 / 蒙哲臘

205 西撒哈拉 / 馬丁尼克島 / 古拉索

206 阿魯巴 / 土克凱可 / 開曼群島

207 百慕達 / 法屬圭亞那 / 直布羅陀

| | Republic of China 中華民國 | |
|---|---|---|
| 臺灣在西太平洋區域的位置<br>（圖摘錄自維基百科） | <br>正面 | <br>反面 |

| | Japan 日本 | |
|---|---|---|
| <br>（圖摘錄自維基百科） | <br>正面 | <br>反面 |

| | People's Republic of China 中華人民共和國 | |
|---|---|---|
| <br>（圖摘錄自維基百科） | <br>正面 | <br>反面 |

| | Republic of Korea 大韓民國 | |
|---|---|---|
| <br>（圖摘錄自維基百科） | <br>正面 | <br>反面 |

| | Democratic People's Republic of Korea<br>朝鮮民主主義人民共和國 | |
|---|---|---|
| <br>（圖摘錄自維基百科） | <br>正面 | <br>反面 |

| | Mongolian people's republic<br>蒙古人民共和國 | |
|---|---|---|
| <br>（圖摘錄自維基百科） | <br>正面 | <br>反面 |

| | Russian Federation |
| | 俄羅斯聯邦 |

|  |  |
|---|---|
| 正面 | 反面 |

（圖摘錄自維基百科）

| | Socialist Republic of Vietnam |
| | 越南社會主義共和國 |

正面　　　　反面

（圖摘錄自維基百科）

| | Lao People's Democratic Republic |
| | 寮國 |

正面　　　　反面

（圖摘錄自維基百科）

| | Kingdom of Cambodia<br>柬埔寨王國 | |
|---|---|---|
| <br>（圖摘錄自維基百科） | <br>正面 | <br>反面 |

| | Republic of the Union of Myanmar<br>緬甸聯邦共和國 | |
|---|---|---|
| <br>（圖摘錄自維基百科） | <br>正面 | <br>反面 |

| | Kingdom of Thailand<br>泰國 | |
|---|---|---|
| <br>（圖摘錄自維基百科） | <br>正面 | <br>反面 |

| | Malaysia<br>馬來西亞 | |
|---|---|---|
| <br>（圖摘錄自維基百科） | <br>正面 | <br>反面 |

| | Republic of Singapor<br>新加坡共和國 | |
|---|---|---|
| （見圖中）<br>（圖摘錄自維基百科） | <br>正面 | <br>反面 |

| | Brunei Darussalam<br>汶萊和平之國 | |
|---|---|---|
| <br>（圖摘錄自維基百科） | <br>正面 | <br>反面 |

|  | # Republic of the Philippines<br># 菲律賓共和國 | |
|---|---|---|
| |  |  |
| （圖摘錄自維基百科） | 正面 | 反面 |

|  | # Republic of Indonesia<br># 印度尼西亞共和國 | |
|---|---|---|
| |  |  |
| （圖摘錄自維基百科） | 正面 | 反面 |

|  | # Democratic Republic of Timor-Leste<br># 東帝汶民主共和國 | |
|---|---|---|
| |  |  |
| （圖摘錄自維基百科） | 正面 | 反面 |

| | Republic of Kazakhstan<br>哈薩克共和國 | |
|---|---|---|
|  |  |  |
| （圖摘錄自維基百科） | 正面 | 反面 |

| | Kyrgyz Republic<br>吉爾吉斯共和國 | |
|---|---|---|
|  |  |  |
| （圖摘錄自維基百科） | 正面 | 反面 |

| | Republic of Uzbekistan<br>烏茲別克共和國 | |
|---|---|---|
|  |  |  |
| （圖摘錄自維基百科） | 正面 | 反面 |

## Republic of Tajikistan
## 塔吉克共和國

（圖摘錄自維基百科）

正面

反面

## Republic of Turkmenistan
## 土庫曼共和國

（圖摘錄自維基百科）

正面

反面

## Islamic Republic of Afghanistan
## 阿富汗伊斯蘭共和國

（圖摘錄自維基百科）

正面

反面

| | Islamic Republic of Pakistan<br>巴基斯坦伊斯蘭共和國 | |
|---|---|---|
| 　<br>（圖摘錄自維基百科） | <br>正面 | <br>反面 |

| | Federal Democratic Republic of Nepal<br>尼泊爾聯邦民主共和國 | |
|---|---|---|
| <br>（圖摘錄自維基百科） | <br>正面 | <br>反面 |

| | Kingdom of Bhutan<br>不丹王國 | |
|---|---|---|
| <br>（圖摘錄自維基百科） | <br>正面 | <br>反面 |

| | Republic of India<br>印度共和國 | |
| --- | --- | --- |
| <br><br>（圖摘錄自維基百科） | <br>正面 | 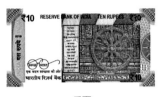<br>反面 |

| | People's Republic of Bangladesh<br>孟加拉人民共和國 | |
| --- | --- | --- |
| <br><br>（圖摘錄自維基百科） | <br>正面 | <br>反面 |

| | Democratic Socialist Republic of Sri Lanka<br>斯里蘭卡民主社會主義共和國 | |
| --- | --- | --- |
| <br><br>（圖摘錄自維基百科） | <br>正面 | <br>反面 |

| | |
|---|---|
|  | ## Republic of Maldives<br>## 馬爾地夫共和國 |
| |   |
| （圖摘錄自維基百科） | 正面　　　　　　　　反面 |

| | |
|---|---|
|  | ## Islamic Republic of Iran<br>## 伊朗伊斯蘭共和國 |
| |   |
| （圖摘錄自維基百科） | 正面　　　　　　　　反面 |

| | |
|---|---|
|  | ## Republic of Iraq<br>## 伊拉克共和國 |
| |   |
| （圖摘錄自維基百科） | 正面　　　　　　　　反面 |

| <br>（圖摘錄自維基百科） | **State of Kuwait**<br>**科威特國** |
|---|---|
| |  |
| | 正面      反面 |

| <br>（圖摘錄自維基百科） | **Kingdom of Saudi Arabia**<br>**沙烏地阿拉伯王國** |
|---|---|
| |   |
| | 正面      反面 |

| <br>（圖摘錄自維基百科） | **Kingdom of Bahrain**<br>**巴林王國** |
|---|---|
| |   |
| | 正面      反面 |

| | State of Qatar<br>卡達國 | |
|---|---|---|
| （圖摘錄自維基百科） | <br>正面 | <br>反面 |

| | United Arab Emirates<br>阿拉伯聯合大公國 | |
|---|---|---|
| （圖摘錄自維基百科） | <br>正面 | <br>反面 |

| | Sultanate of Oman<br>阿曼蘇丹國 | |
|---|---|---|
| （圖摘錄自維基百科） | <br>正面 | <br>反面 |

| | Republic of Yemen<br>葉門共和國 | |
|---|---|---|
| <br>（圖摘錄自維基百科） | <br>正面 | <br>反面 |

| | Hashemite Kingdom of Jordan<br>約旦哈希姆王國 | |
|---|---|---|
| <br>（圖摘錄自維基百科） | <br>正面 | <br>反面 |

| | Israel<br>以色列 | |
|---|---|---|
| <br>（圖摘錄自維基百科） | <br>正面 | <br>反面 |

| | Syrian Arab Republic<br>敘利亞阿拉伯共和國 | |
|---|---|---|
| <br>（圖摘錄自維基百科） | <br>正面 | <br>反面 |

| | Republic of Lebanon<br>黎巴嫩共和國 | |
|---|---|---|
| <br>（圖摘錄自維基百科） | <br>正面 | <br>反面 |

| | Republic of Turkey<br>土耳其共和國 | |
|---|---|---|
| <br>（圖摘錄自維基百科） | <br>正面 | <br>反面 |

| | Republic of Cyprus<br>賽普勒斯共和國 | |
| --- | --- | --- |
|  |  |  |
| （圖摘錄自維基百科） | 正面 | 反面 |

| | Republic of Azerbaijan<br>亞塞拜然共和國 | |
| --- | --- | --- |
| |  |  |
| （圖摘錄自維基百科） | 正面 | 反面 |

| | Georgia<br>喬治亞 | |
| --- | --- | --- |
|  |  |  |
| （圖摘錄自維基百科） | 正面 | 反面 |

| | Palestin<br>巴勒斯坦國 | |
|---|---|---|
| （圖摘錄自維基百科） | <br>正面 | <br>反面 |

| | Republic of Armenia<br>亞美尼亞共和國 | |
|---|---|---|
| （圖摘錄自維基百科） | <br>正面 | <br>反面 |

| | Republic of Iceland<br>冰島共和國 | |
|---|---|---|
| （圖摘錄自維基百科） | <br>正面 | <br>反面 |

（圖摘錄自維基百科）

## Kongeriget Danmark
## 丹麥王國

正面

反面

（圖摘錄自維基百科）

## Kingdom of Norway
## 挪威王國

正面

反面

（圖摘錄自維基百科）

## Kingdom of Sweden
## 瑞典王國

正面

反面

| | Republic of Finland<br>芬蘭共和國 |
|---|---|
|  |   |
| （圖摘錄自維基百科） | 正面　　　　　　　　　　反面 |

| | United Kingdom<br>大不列顛暨北愛爾蘭聯合王國 |
|---|---|
|   | |
| （圖摘錄自維基百科） | 正面　　　　　　　　　　反面 |

| | Republic of Ireland<br>愛爾蘭共和國 |
|---|---|
|  |   |
| （圖摘錄自維基百科） | 正面　　　　　　　　　　反面 |

| | # French Republic<br># 法蘭西共和國 | |
|---|---|---|
| <br>（圖摘錄自維基百科） | <br>正面 | <br>反面 |

| | # Monaco<br># 摩納哥公國 | |
|---|---|---|
| <br>（圖摘錄自維基百科） | <br>正面 | <br>反面 |

| | # Netherlands<br># 荷蘭 | |
|---|---|---|
| <br>（圖摘錄自維基百科） | <br>正面 | <br>反面 |

| | Kingdom of Belgium<br>比利時王國 |
|---|---|
| <br>（圖摘錄自維基百科） |  正面　　　 反面 |

| | Luxembourg<br>盧森堡大公國 |
|---|---|
| <br>（圖摘錄自維基百科） |  正面　　　 反面 |

| | Federal Republic of Germany<br>德意志聯邦共和國 |
|---|---|
| <br>（圖摘錄自維基百科） |  正面　　　 反面 |

| | Swiss Confederation<br>瑞士聯邦 | |
|---|---|---|
| <br>（圖摘錄自維基百科） | <br>正面 | <br>反面 |

| | Principality of Liechtenstein<br>列支敦斯登侯國 | |
|---|---|---|
| <br>（圖摘錄自維基百科） | <br>正面 | <br>反面 |

| | Republic of Poland<br>波蘭共和國 | |
|---|---|---|
| （圖摘錄自維基百科） | <br>正面 | <br>反面 |

| | Czech Republic |
| | 捷克共和國 |
|  |   |
| （圖摘錄自維基百科） | 正面 反面 |

| | Slovak Republic |
| | 斯洛伐克共和國 |
|  |   |
| （圖摘錄自維基百科） | 正面 反面 |

| | Republic of Austria |
| | 奧地利共和國 |
| |   |
| （圖摘錄自維基百科） | 正面 反面 |

| | Hungary<br>匈牙利 | |
|---|---|---|
| <br>（圖摘錄自維基百科） | <br>正面 | <br>反面 |

| | Republic of Estonia<br>愛沙尼亞共和國 | |
|---|---|---|
| <br>（圖摘錄自維基百科） | <br>正面 | <br>反面 |

| | Republic of Latvia<br>拉脫維亞共和國 | |
|---|---|---|
| <br>（圖摘錄自維基百科） | <br>正面 | <br>反面 |

| | Republic of Lithuania<br>立陶宛共和國 | |
|---|---|---|
| <br>（圖摘錄自維基百科） | <br>正面 | <br>反面 |

| | Republic of Belarus<br>白俄羅斯共和國 | |
|---|---|---|
| <br>（圖摘錄自維基百科） | <br>正面 | <br>反面 |

| | Ukraine<br>烏克蘭 | |
|---|---|---|
| <br>（圖摘錄自維基百科） | <br>正面 | <br>反面 |

| | ### Republic of Moldova<br>## 摩爾多瓦共和國 |
|---|---|
| <br>（圖摘錄自維基百科） |  正面　　 反面 |

| | ### Portuguese Republic<br>## 葡萄牙共和國 |
|---|---|
| <br>（圖摘錄自維基百科） |  正面　　 反面 |

| | ### Spain<br>## 西班牙王國 |
|---|---|
| <br>（圖摘錄自維基百科） |  正面　　 反面 |

| | Principality of Andorra<br>安道爾侯國 | |
|---|---|---|
| 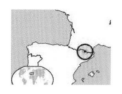<br>（圖摘錄自維基百科） | <br>正面 | <br>反面 |

| | Italian Republic<br>義大利共和國 | |
|---|---|---|
| （圖摘錄自維基百科） | <br>正面 | <br>反面 |

| | Republic of San Marino<br>聖馬利諾共和國 | |
|---|---|---|
| （圖摘錄自維基百科） | <br>正面 | <br>反面 |

| | # Republic of Malta<br># 馬爾他共和國 | |
|---|---|---|
|  |  |  |
| （圖摘錄自維基百科） | 正面 | 反面 |

| | # Republic of Slovenia<br># 斯洛維尼亞共和國 | |
|---|---|---|
| |  |  |
| （圖摘錄自維基百科） | 正面 | 反面 |

| | # Republic of Croatia<br># 克羅埃西亞共和國 | |
|---|---|---|
| |  |  |
| （圖摘錄自維基百科） | 正面 | 反面 |

| | Bosnia and Herzegovina<br>波士尼亞與赫塞哥維納 | |
|---|---|---|
|  |  |  |
| （圖摘錄自維基百科） | 正面 | 反面 |

| | Serbia and Montenegro<br>塞爾維亞－蒙特內哥羅 | |
|---|---|---|
| 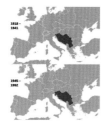 |  |  |
| （圖摘錄自維基百科） | 正面 | 反面 |

| | Republic of Albania<br>阿爾巴尼亞共和國 | |
|---|---|---|
|  |  |  |
| （圖摘錄自維基百科） | 正面 | 反面 |

| | Republic of North Macedonia<br>北馬其頓共和國 | |
|---|---|---|
| <br>（圖摘錄自維基百科） | <br>正面 | <br>反面 |

| | Republic of Bulgaria<br>保加利亞共和國 | |
|---|---|---|
| <br>（圖摘錄自維基百科） | <br>正面 | <br>反面 |

| | Hellenic Republic<br>希臘共和國 | |
|---|---|---|
| <br>（圖摘錄自維基百科） | <br>正面 | <br>反面 |

| | Romania<br>羅馬尼亞 | |
|---|---|---|
|  |  |  |
| （圖摘錄自維基百科） | 正面 | 反面 |

| | Montenegro<br>蒙特內哥羅 | |
|---|---|---|
|  |  |  |
| （圖摘錄自維基百科） | 正面 | 反面 |

| | Arab Republic of Egypt<br>埃及阿拉伯共和國 | |
|---|---|---|
| |  |  |
| （圖摘錄自維基百科） | 正面 | 反面 |

| | State of Libya<br>利比亞國 | |
|---|---|---|
| <br>（圖摘錄自維基百科） | <br>正面 | <br>反面 |

| | People's Democratic Republic of Algeria<br>阿爾及利亞人民民主共和國 | |
|---|---|---|
| （圖摘錄自維基百科） | <br>正面 | <br>反面 |

| | Kingdom of Morocco<br>摩洛哥王國 | |
|---|---|---|
| （圖摘錄自維基百科） | <br>正面 | <br>反面 |

|  | ## Republic of the Sudan<br>## 蘇丹共和國 | |
|---|---|---|
| （圖摘錄自維基百科） | <br>正面 | <br>反面 |

|  | ## Republic of South Sudan<br>## 南蘇丹共和國 | |
|---|---|---|
| （圖摘錄自維基百科） | <br>正面 | <br>反面 |

|  | ## Republic of Niger<br>## 尼日共和國 | |
|---|---|---|
| （圖摘錄自維基百科） | <br>正面 | <br>反面 |

| | Burkina Faso |
|---|---|
|  | **布吉納法索** |
| |   |
| （圖摘錄自維基百科） | 正面　　　　　　　　　　反面 |

| | Republic of Mali |
|---|---|
|  | **馬利共和國** |
| |   |
| （圖摘錄自維基百科） | 正面　　　　　　　　　　反面 |

| | Islamic Republic of Mauritania |
|---|---|
| | **茅利塔尼亞伊斯蘭共和國** |
| |   |
| （圖摘錄自維基百科） | 正面　　　　　　　　　　反面 |

| | Federal Republic of Nigeria<br>奈及利亞聯邦共和國 | |
|---|---|---|
| <br>（圖摘錄自維基百科） | <br>正面 | <br>反面 |

| | Republic of Benin<br>貝南共和國 | |
|---|---|---|
| <br>（圖摘錄自維基百科） | <br>正面 | <br>反面 |

| | Republic of Ghana<br>迦納共和國 | |
|---|---|---|
| <br>（圖摘錄自維基百科） | <br>正面 | <br>反面 |

## Republic of Ivory Coas
## 象牙海岸共和國

| 正面 | 反面 |
|:---:|:---:|

（圖摘錄自維基百科）

## Republic of Guinea
## 幾內亞共和國

| 正面 | 反面 |
|:---:|:---:|

（圖摘錄自維基百科）

## Republic of Guinea-Bissau
## 幾內亞比索共和國

| 正面 | 反面 |
|:---:|:---:|

（圖摘錄自維基百科）

| | Independent State of Papua New Guinea<br>巴布亞新幾內亞獨立國 | |
|---|---|---|
|  |  |  |
| （圖摘錄自維基百科） | 正面 | 反面 |

| | Republic of Equatorial Guinea<br>赤道幾內亞共和國 | |
|---|---|---|
| |  |  |
| （圖摘錄自維基百科） | 正面 | 反面 |

| | Republic of Sierra Leone<br>獅子山共和國 | |
|---|---|---|
| |  |  |
| （圖摘錄自維基百科） | 正面 | 反面 |

|  | Republic of The Gambia<br>甘比亞共和國 | |
| :---: | :---: | :---: |
| |  |  |
| （圖摘錄自維基百科） | 正面 | 反面 |

|  | Republic of Zambia<br>尚比亞共和國 | |
| :---: | :---: | :---: |
| |  |  |
| （圖摘錄自維基百科） | 正面 | 反面 |

| | Republic of Cape Verde<br>維德角共和國 | |
| :---: | :---: | :---: |
| |  |  |
| （圖摘錄自維基百科） | 正面 | 反面 |

| | Republic of Chad<br>查德共和國 |
|---|---|
| <br>（圖摘錄自維基百科） | 　　<br>　　正面　　　　　　　反面 |

| | Central African Republic<br>中非共和國 |
|---|---|
| （圖摘錄自維基百科） | 　　<br>　　正面　　　　　　　反面 |

| | Republic of Cameroon<br>喀麥隆共和國 |
|---|---|
| （圖摘錄自維基百科） | 　　<br>　　正面　　　　　　　反面 |

## Republic of the Congo
## 剛果共和國

（圖摘錄自維基百科）

正面

反面

## Democratic Republic of the Congo
## 剛果民主共和國

（圖摘錄自維基百科）

正面

反面

## Gabonese Republic
## 加彭共和國

（圖摘錄自維基百科）

正面

反面

| | Republic of Liberia<br>賴比瑞亞共和國 | |
|---|---|---|
| <br>（圖摘錄自維基百科） | <br>正面 | <br>反面 |

| | Democratic Republic of Sao Tome and Principe<br>聖多美普林西比民主共和國 | |
|---|---|---|
| <br>（圖摘錄自維基百科） | <br>正面 | <br>反面 |

| | Republic of Djibouti<br>吉布地共和國 | |
|---|---|---|
| <br>（圖摘錄自維基百科） | <br>正面 | <br>反面 |

| | Federal Republic of Somalia<br>索馬利亞聯邦共和國 | |
|---|---|---|
| <br>（圖摘錄自維基百科） | <br>正面 | <br>反面 |

| | State of Eritrea<br>厄利垂亞國 | |
|---|---|---|
| <br>（圖摘錄自維基百科） | <br>正面 | <br>反面 |

| | Federal Democratic Republic of Ethiopia<br>衣索匹亞聯邦民主共和國 | |
|---|---|---|
| <br>（圖摘錄自維基百科） | <br>正面 | <br>反面 |

| <br>（圖摘錄自維基百科） | Republic of Burundi<br>浦隆地共和國 | |
| --- | --- | --- |
| | <br>正面 | <br>反面 |

| <br>（圖摘錄自維基百科） | Republic of Seychelles<br>塞席爾共和國 | |
| --- | --- | --- |
| | <br>正面 | <br>反面 |

| | Republic of Kenya<br>肯亞共和國 | |
| --- | --- | --- |
| （圖摘錄自維基百科） | <br>正面 | <br>反面 |

|  | United Republic of Tanzania<br>坦尚尼亞聯合共和國 | |
| :---: | :---: | :---: |
| |  |  |
| （圖摘錄自維基百科） | 正面 | 反面 |

|  | Republic of Uganda<br>烏干達共和國 | |
| :---: | :---: | :---: |
| |  |  |
| （圖摘錄自維基百科） | 正面 | 反面 |

| | Republic of Rwanda<br>盧安達共和國 | |
| :---: | :---: | :---: |
| |  |  |
| （圖摘錄自維基百科） | 正面 | 反面 |

| | Republic of Angola |
| :---: | :---: |
|  | 安格拉共和國 |
| |   |
| （圖摘錄自維基百科） | 正面　　　　　　　　　反面 |

| | Republic of Malawi |
| :---: | :---: |
|  | 馬拉威共和國 |
| |   |
| （圖摘錄自維基百科） | 正面　　　　　　　　　反面 |

| | Republic of Mozambique |
| :---: | :---: |
|  | 莫三比克共和國 |
| |   |
| （圖摘錄自維基百科） | 正面　　　　　　　　　反面 |

| | Republic of Namibia<br>納米比亞共和國 | |
|---|---|---|
|  |  |  |
| （圖摘錄自維基百科） | 正面 | 反面 |

| | Republic of Botswana<br>波札那共和國 | |
|---|---|---|
| |  |  |
| （圖摘錄自維基百科） | 正面 | 反面 |

| | Republic of Zimbabwe<br>辛巴威共和國 | |
|---|---|---|
| |  |  |
| （圖摘錄自維基百科） | 正面 | 反面 |

| | Republic of South Africa<br>南非共和國 | |
|---|---|---|
| （圖摘錄自維基百科） | <br>正面 | <br>反面 |

| | Kingdom of Eswatini<br>史瓦帝尼王國 | |
|---|---|---|
| （圖摘錄自維基百科） | <br>正面 | <br>反面 |

| | Kingdom of Lesotho<br>賴索托王國 | |
|---|---|---|
| （圖摘錄自維基百科） | <br>正面 | <br>反面 |

（圖摘錄自維基百科）

# Republic of Madagascar
# 馬達加斯加共和國

正面

反面

（圖摘錄自維基百科）

# Republic of Mauritius
# 模里西斯共和國

正面

反面

（圖摘錄自維基百科）

# Union of the Comoros
# 葛摩聯盟

正面

反面

| <br>（圖摘錄自維基百科） | **Commonwealth of Australia**<br>**澳洲聯邦** | |
| :---: | :---: | :---: |
| | <br>正面 | <br>反面 |

| <br>（圖摘錄自維基百科） | **New Zealand**<br>**紐西蘭** | |
| :---: | :---: | :---: |
| | <br>正面 | <br>反面 |

| <br>（圖摘錄自維基百科） | **Republic of Palau**<br>**帛琉共和國** | |
| :---: | :---: | :---: |
| | <br>正面 | <br>反面 |

| | Republic of Marshall Islands<br>馬紹爾共和國 | |
|---|---|---|
|  |  | |
| （圖摘錄自維基百科） | 正面 | 反面 |

| | Republic of Nauru<br>諾魯共和國 | |
|---|---|---|
|  |  | |
| （圖摘錄自維基百科） | 正面 | 反面 |

| | Solomon Islands<br>所羅門群島 | |
|---|---|---|
|  |  | |
| （圖摘錄自維基百科） | 正面 | 反面 |

（圖摘錄自維基百科）

# Togolese Republic
## 多哥共和國

正面

反面

（圖摘錄自維基百科）

# Federated States of Micronesia
## 密克羅尼西亞聯邦

正面

反面

（圖摘錄自維基百科）

# Republic of Vanuatu
## 萬那杜共和國

正面

反面

| | Republic of Fiji<br>斐濟共和國 | |
|---|---|---|
| 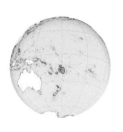<br>（圖摘錄自維基百科） | <br>正面 | <br>反面 |

| | Tuvalu<br>吐瓦魯 | |
|---|---|---|
| <br>（圖摘錄自維基百科） | <br>正面 | <br>反面 |

| | Independent State of Samoa<br>薩摩亞獨立國 | |
|---|---|---|
| <br>（圖摘錄自維基百科） | <br>正面 | <br>反面 |

| | Kingdom of Tonga<br>東加王國 | |
|---|---|---|
| <br>（圖摘錄自維基百科） | <br>正面 | <br>反面 |

| | Canada<br>加拿大 | |
|---|---|---|
| <br>（圖摘錄自維基百科） | <br>正面 | <br>反面 |

| | United States of America<br>美利堅合眾國 | |
|---|---|---|
| <br>（圖摘錄自維基百科） | <br>正面 | 反面 |

| | Mexico 墨西哥合眾國 | |
|---|---|---|
| <br />（圖摘錄自維基百科） | <br />正面 | <br />反面 |

| | Republic of Guatemala 瓜地馬拉共和國 | |
|---|---|---|
| <br />（圖摘錄自維基百科） | <br />正面 | <br />反面 |

| | Belize 貝里斯 | |
|---|---|---|
| <br />（圖摘錄自維基百科） | <br />正面 | <br />反面 |

| | Republic of El Salvador<br>薩爾瓦多共和國 | |
|---|---|---|
| <br>（圖摘錄自維基百科） | <br>正面 | <br>反面 |

| | Republic of Honduras<br>宏都拉斯共和國 | |
|---|---|---|
| <br>（圖摘錄自維基百科） | <br>正面 | <br>反面 |

| | The Republic of Nicaragua<br>尼加拉瓜共和國 | |
|---|---|---|
| <br>（圖摘錄自維基百科） | <br>正面 | <br>反面 |

## Republic of Costa Rica
## 哥斯達黎加共和國

（圖摘錄自維基百科）

正面

反面

## Republic of Panama
## 巴拿馬共和國

（圖摘錄自維基百科）

正面

反面

## Commonwealth of the Bahamas
## 巴哈馬國

（圖摘錄自維基百科）

正面

反面

| | Republic of Cuba<br>古巴共和國 | |
|---|---|---|
|  |  |  |
| （圖摘錄自維基百科） | 正面 | 反面 |

| | Jamaica<br>牙買加 | |
|---|---|---|
| |  |  |
| （圖摘錄自維基百科） | 正面 | 反面 |

| | Haiti<br>海地共和國 | |
|---|---|---|
|  |  |  |
| （圖摘錄自維基百科） | 正面 | 反面 |

| | Dominicans Republic<br>多明尼加共和國 | |
|---|---|---|
|  | <br> |  |
| （圖摘錄自維基百科） | 正面 | 反面 |

| | Federation of Saint Christopher and Nevis<br>聖克里斯多福及尼維斯聯邦 | |
|---|---|---|
| |  |  |
| （圖摘錄自維基百科） | 正面 | 反面 |

| | Antigua<br>安地卡島 | |
|---|---|---|
| |  |  |
| （圖摘錄自維基百科） | 正面 | 反面 |

| | Republic of Columbia<br>哥倫比亞共和國 | |
|---|---|---|
| <br>（圖摘錄自維基百科） | <br>正面 | <br>反面 |

| | Venezuela<br>委內瑞拉玻利瓦共和國 | |
|---|---|---|
| <br>（圖摘錄自維基百科） | <br>正面 | <br>反面 |

| | Cooperative Republic of Guyana<br>蓋亞那合作共和國 | |
|---|---|---|
| <br>（圖摘錄自維基百科） | <br>正面 | <br>反面 |

|  | ## Republic of Suriname<br>## 蘇利蘭共和國 | |
|---|---|---|
| （圖摘錄自維基百科） | <br>正面 | <br>反面 |

|  | ## The Republic of Ecuador<br>## 厄瓜多共和國 | |
|---|---|---|
| （圖摘錄自維基百科） | <br>正面 | <br>反面 |

| | ## Republic of Peru<br>## 秘魯共和國 | |
|---|---|---|
| （圖摘錄自維基百科） | <br>正面 | <br>反面 |

| | Plurinational State of Bolivia<br>玻利維亞多民族國 | |
|---|---|---|
| <br>（圖摘錄自維基百科） | <br>正面 | <br>反面 |

| | Federative Republic of Brazil<br>巴西聯邦共和國 | |
|---|---|---|
| <br>（圖摘錄自維基百科） | <br>正面 | <br>反面 |

| | Republic of Chile<br>智利共和國 | |
|---|---|---|
| <br>（圖摘錄自維基百科） | <br>正面 | <br>反面 |

| | Argentine Republic<br>阿根廷共和國 | |
|---|---|---|
| （圖摘錄自維基百科） | <br>正面 | <br>反面 |

| | The Oriental Republic of Uruguay<br>烏拉圭東岸共和國 | |
|---|---|---|
| （圖摘錄自維基百科） | <br>正面 | <br>反面 |

| | Republic of Paraguay<br>巴拉圭共和國 | |
|---|---|---|
| （圖摘錄自維基百科） | <br>正面 | <br>反面 |

| | Commonwealth of Dominica<br>多米尼克國 | |
|---|---|---|
|  |  |  |
| （圖摘錄自維基百科） | 正面 | 反面 |

| | Republic of Tunisia<br>突尼西亞共和國 | |
|---|---|---|
|  |  |  |
| （圖摘錄自維基百科） | 正面 | 反面 |

| | Saint Lucia<br>聖露西亞 | |
|---|---|---|
|  |  |  |
| （圖摘錄自維基百科） | 正面 | 反面 |

| <br>（圖摘錄自維基百科） | Barbados<br>巴貝多 | |
|---|---|---|
| | <br>正面 | <br>反面 |

| <br>（圖摘錄自維基百科） | Saint Vincent and the Grenadines<br>聖文森及格瑞那丁國 | |
|---|---|---|
| | <br>正面 | <br>反面 |

| <br>（圖摘錄自維基百科） | Grenada<br>格瑞那達 | |
|---|---|---|
| | <br>正面 | <br>反面 |

| | Trinidad Island<br>千里達島 | |
|---|---|---|
| （圖摘錄自維基百科） | <br>正面 | <br>反面 |

| | Republic of Kiribati<br>吉里巴斯共和國 | |
|---|---|---|
| 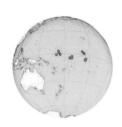（圖摘錄自維基百科） | <br>正面 | <br>反面 |

| | Republic of Senegal<br>塞內加爾共和國 | |
|---|---|---|
| <br>（圖摘錄自維基百科）正面 | | <br>反面 |

| | Vatican City<br>梵蒂岡城國 | |
|---|---|---|
| （圖摘錄自維基百科） | 正面 | 反面 |

| | Public Seal of Niue<br>紐埃 | |
|---|---|---|
| （圖摘錄自維基百科） | 正面 | 反面 |

| | Cook Islands<br>庫克群島 | |
|---|---|---|
| （圖摘錄自維基百科） | 正面 | 反面 |

| | Faroe Islands<br>法羅群島 |
|---|---|
| 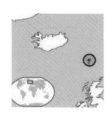<br>（圖摘錄自維基百科） |  <br>正面　　　　　　　　　　　反面 |

| | Açores<br>亞速群島 |
|---|---|
| <br>（圖摘錄自維基百科） |  <br>正面　　　　　　　　　　　反面 |

| | Madeira<br>馬德拉群島 |
|---|---|
| <br>（圖摘錄自維基百科） |  <br>正面　　　　　　　　　　　反面 |

| | |
|---|---|
| <br>（圖摘錄自維基百科） | ## Guadeloupe<br>## 瓜地洛普<br><br>　　<br>正面　　　　　　　反面 |

| | |
|---|---|
| <br>（圖摘錄自維基百科） | ## Islas Canarias<br>## 加納利群島<br><br>　　<br>正面　　　　　　　反面 |

| | |
|---|---|
| <br>（圖摘錄自維基百科） | ## Reunion<br>## 留尼旺<br><br>　　<br>正面　　　　　　　反面 |

| | Saint Helena<br>聖赫勒拿島 | |
|---|---|---|
| <br>（圖摘錄自維基百科） | <br>正面 | <br>反面 |

| | Guam<br>關島 | |
|---|---|---|
| <br>（圖摘錄自維基百科） | <br>正面 | <br>反面 |

| | New Caledonia<br>新喀里多尼亞 | |
|---|---|---|
| <br>（圖摘錄自維基百科） | <br>正面 | <br>反面 |

（圖摘錄自維基百科）

# Polynesia
# 法屬玻里尼西亞

正面

反面

（圖摘錄自維基百科）

# Pitcairn Islands
# 皮特肯群島

正面

反面

（圖摘錄自維基百科）

# Wallis et Futuna
# 瓦利斯和富圖那

正面

反面

| | American Samoa<br>美屬薩摩亞 | |
|---|---|---|
| <br>（圖摘錄自維基百科） | <br>正面 | <br>反面 |

| | Commonwealth of the Northern Mariana Islands<br>北馬利安納群島 | |
|---|---|---|
| <br>（圖摘錄自維基百科） | <br>正面 | <br>反面 |

| | Tokelau<br>托克勞 | |
|---|---|---|
| <br>（圖摘錄自維基百科） | <br>正面 | <br>反面 |

| | Greenland 格陵蘭 | |
|---|---|---|
| <br>（圖摘錄自維基百科） | <br>正面 | <br>反面 |

| | Commonwealth of Puerto Rico 波多黎各自由邦 | |
|---|---|---|
| <br>（圖摘錄自維基百科） | <br>正面 | <br>反面 |

| | British Virgin Islands 英屬維京群島 | |
|---|---|---|
| <br>（圖摘錄自維基百科） | <br>正面 | <br>反面 |

# Virgin Islands of the United States
# 美屬維京群島

（圖摘錄自維基百科）

正面

反面

# Anguilla
# 安圭拉

（圖摘錄自維基百科）

正面

反面

# Montserrat
# 蒙哲臘

（圖摘錄自維基百科）

正面

反面

|  | Sahara Occidental<br>西撒哈拉 | |
|---|---|---|
| |  |  |
| （圖摘錄自維基百科） | 正面 | 反面 |

|  | Martini Francs<br>馬丁尼克島 | |
|---|---|---|
| |  |  |
| （圖摘錄自維基百科） | 正面 | 反面 |

| | Curaçao<br>古拉索 | |
|---|---|---|
| |  |  |
| （圖摘錄自維基百科） | 正面 | 反面 |

| | Aruba |
| --- | --- |
| 阿魯巴 | |

| | Aruba 阿魯巴 | |
| --- | --- | --- |
| （圖摘錄自維基百科） |  正面 |  反面 |

| | Turks and Caicos Islands 土克凱可群島 | |
| --- | --- | --- |
| （圖摘錄自維基百科） | 正面 | 反面 |

| | Cayman Islands 開曼群島 | |
| --- | --- | --- |
| （圖摘錄自維基百科） |  正面 |  反面 |

| | Bermuda Triangle<br>百慕達 | |
|---|---|---|
| （圖摘錄自維基百科） | <br>正面 | <br>反面 |

| | Guyane<br>法屬圭亞那 | |
|---|---|---|
| （圖摘錄自維基百科） | <br>正面 | <br>反面 |

| | Gibraltar<br>直布羅陀 | |
|---|---|---|
| （圖摘錄自維基百科） | <br>正面 | <br>反面 |

| | Bailiwick of Guernsey<br>根西島 | |
|---|---|---|
| <br><br>（圖摘錄自維基百科） | <br>正面 | <br>反面 |

| | Bailiwick of Jersey<br>澤西行政區 | |
|---|---|---|
| <br><br>（圖摘錄自維基百科） | <br>正面 | <br>反面 |

| | Isle of Man<br>曼島 | |
|---|---|---|
| <br><br>（圖摘錄自維基百科） | <br>正面 | <br>反面 |

| | |
|---|---|
| （圖摘錄自維基百科） | **ХуссарИрыстон**<br>**南奧塞提亞共和國** |
| |  正面      反面 |

| | |
|---|---|
| （圖摘錄自維基百科） | **Artsakhi Hanrapetut'yun**<br>**阿爾察赫共和國** |
| |  正面      反面 |

| | |
|---|---|
| （圖摘錄自維基百科） | **Republic of Somaliland**<br>**索馬利蘭共和國** |
| |  正面      反面 |

| | Kuzey Kıbrıs Türk Cumhuriyeti<br>北賽普勒斯土耳其共和國 | |
|---|---|---|
| <br>（圖摘錄自維基百科） | <br>正面 | <br>反面 |

| | República Árabe Saharaui Democrática<br>撒拉威阿拉伯民主共和國 | |
|---|---|---|
| <br>（圖摘錄自維基百科） | <br>正面 | <br>反面 |

| | Luganskaya Narodnaya Respublika<br>盧干斯克人民共和國 | |
|---|---|---|
| <br>（圖摘錄自維基百科） | <br>正面 | <br>反面 |

| | Republic of Kosova<br>科索沃共和國 | |
|---|---|---|
| <br>（圖摘錄自維基百科） | <br>正面 | <br>反面 |

| | Transnistria<br>聶斯特河沿岸摩爾達維亞共和國 | |
|---|---|---|
| （圖摘錄自維基百科） | <br>正面 | <br>反面 |

| | Republic of Abkhazia<br>阿布哈茲共和國 | |
|---|---|---|
| （圖摘錄自維基百科） | <br>正面 | <br>反面 |

| | Donetskaya Narodnaya Respublika<br>頓內次克人民共和國 | |
|---|---|---|
| （圖摘錄自維基百科） | <br>正面 | <br>反面 |

| | Falkland Islands<br>福克蘭群島 | |
|---|---|---|
| （圖摘錄自維基百科） | <br>正面 | <br>反面 |

| | Bonaire<br>波奈 | |
|---|---|---|
| （圖摘錄自維基百科） | <br>正面 | <br>反面 |

| | Svalbard and Jan Mayen<br>斯瓦巴 | |
|---|---|---|
| <br>（圖摘錄自維基百科） | <br>正面 | <br>反面 |

| | Mayotte<br>馬約特大區 | |
|---|---|---|
| <br>（圖摘錄自維基百科） | <br>正面 | <br>反面 |

| | Sint Maarten<br>聖馬丁島 | |
|---|---|---|
| <br>（圖摘錄自維基百科） | <br>正面 | <br>反面 |

| | ## Saint Pierre and Miquelon<br>## 聖皮埃與密克隆 |
|---|---|
| （圖摘錄自維基百科） |  正面 　 反面 |

| | ## Hong Kong Special Administrative Region of the People's Republic of China<br>## 中國香港特別行政區 |
|---|---|
| （圖摘錄自維基百科） |  正面 　 反面 |

| | ## Macao<br>## 中國澳門特別行政區 |
|---|---|
| （圖摘錄自維基百科） |  正面 　 反面 |